深層理解中国
ひと・くに・こころ

荒屋　勧
尹　景春

朝日出版社

JN073742

音声ダウンロード

 音声再生アプリ「リスニング・トレーナー」新登場（無料）

朝日出版社開発のアプリ、「リスニング・トレーナー（リストレ）」を使えば、教科書の音声をスマホ、タブレットに簡単にダウンロードできます。どうぞご活用ください。

まずは「リストレ」アプリをダウンロード

▶ App Store はこちら　　▶ Google Play はこちら

アプリ【リスニング・トレーナー】の使い方

❶ アプリを開き、「コンテンツを追加」をタップ

❷ QRコードをカメラで読み込む

❸ QRコードが読み取れない場合は、画面上部に 45396 を入力し「Done」をタップします

QRコードは㈱デンソーウェーブの登録商標です

Webストリーミング音声

http://text.asahipress.com/free/ch/245396

まえがき

　本書は初級段階の中国語学習を終えて、更に中級段階へ進もうとされる方々を対象とし、読解に重点をおき、中国と中国人の考え方と伝統や習慣の違いをより深く知っていただくために作ったテキストです。

　本書各課の構成は次のとおりです。

1・「本文」

　本文は八つの主題を掲げています。中国人が大切にしている龍の話題から始まり、孔子から毛沢東まで中国人が追い求めてきた理想の社会や中国人の婚姻・恋愛観から、若者の戸籍制度による格差、就職難等多岐に渡る内容が織り込まれています。これらのテーマを通して、中国への理解を深めると同時に中国語の複雑な構造を徐々に学ぶことができます。

2・「ポイント」

　本文から重要な文法事項を五つ選び、それぞれ二つずつ例文をあげました。厳選した文法事項には、様々な補語と方向補語の派生義、受身文、使役文、存現文、把構文、反語文、そして各種複文、とりわけ日本語に発想のない「…誰…誰…」のような複文も含まれています。すべての学習を終えると中級レベル以上の文法知識を得ることができます。

3・「練習問題」

　練習問題Ⅰに本文に出ている覚えてほしい重要単語六つをあげました。練習問題Ⅱの語句の並べ替えと練習問題Ⅳの日中訳はその課のポイントの理解と活用のために用意した問題です。練習問題Ⅲは本文の内容に関するリスニング問題です。問題文の主語を変えれば、「日本的年轻人谈恋爱，最重视什么?」のように質問文を用いることでの学習者との会話もできます。上述の練習問題を解くことで文法への理解度が一層高められ、リスニング力と会話力もアップすることが期待できます。

4・新出単語と索引

　「新出単語」はピンイン付きで各課に約40-50単語があります。索引は文末にあり、単語がわからない時の一助になります。

　本書により楽しく中国語を学び、中国への関心を少しでも深めて頂ければこれ以上の喜びはありません。なお、本書の出版にあたり、朝日出版社の中西陸夫氏に大変お世話になりました。深く御礼を申し上げます。

2023年秋

著　者

目 次

深層理解中国
ひと・くに・こころ

1 | 中国人和龙
Zhōngguórén hé lóng

◀❙ 02 上 个 世纪 80 年代，由 1) 台湾 的 侯 德健 创作 的 一
Shàng ge shìjì bāshí niándài, yóu Táiwān de Hóu Déjiàn chuàngzuò de yì

首 2) 《龙 的 传人 3)》风靡了 中国 大地。这 首 歌 在 一 瞬间
shǒu «Lóng de Chuánrén» fēngmǐle Zhōngguó dàdì. Zhè shǒu gē zài yíshùnjiān

拨动 4) 了 十 多 亿 中国人 的 心弦 5)，因为 6) 它 不但 7) 曲调 8)
bōdòngle shí duō yì Zhōngguórén de xīnxián, yīnwèi tā búdàn qǔdiào

非常 优美，而且 还 用 十分 简单 明了 的 歌词 描述 9) 了
fēicháng yōuměi, érqiě hái yòng shífēn jiǎndān míngliǎo de gēcí miáoshùle

中国、 中国人 以及 10) 他们 和 龙 之间 的 关系：
Zhōngguó、 Zhōngguórén yǐjí tāmen hé lóng zhījiān de guānxi:

◀❙ 03 遥远 11) 的 东方 有 一 条 江，
Yáoyuǎn de dōngfāng yǒu yì tiáo jiāng,

它 的 名字 就 12) 叫 长江 13)。
tā de míngzi jiù jiào Chángjiāng.

遥远 的 东方 有 一 条 河，
Yáoyuǎn de dōngfāng yǒu yì tiáo hé,

◀❙ 05

---

1) 由 yóu：～により、～から
2) 首 shǒu：曲を数える量詞
3) 传人 chuánrén：継承者
4) 拨动 bōdòng：弾く、動かす
5) 心弦 xīnxián：心の琴線
6) 因为～（所以）～（ポイント1参照）
　　yīnwèi~(suǒyǐ)~：～のため（だから）～だ
7) 不但～而且～（ポイント2参照）búdàn~érqiě~：
　　～だけでなく、（その上）～

8) 曲调 qǔdiào：メロディー
9) 描述 miáoshù：描写する
10) 以及 yǐjí：および
11) 遥远 yáoyuǎn：遥かに遠い
12) 就 jiù：ほかでもなく
13) 长江 Chángjiāng：長江（揚子江）、全長6380km。
　　チベット高原から東シナ海へと流れるアジア最長
　　の川

它 的 名字 就 叫 黄河[14]。
tā de míngzi jiù jiào Huánghé.

虽[15] 不曾[16] 看见[17] 长江 美,
Suī bùcéng kànjiàn Chángjiāng měi,

梦里 常 神游[18] 长江 水。
mèngli cháng shényóu Chángjiāng shuǐ.

虽 不曾 听过 黄河 壮[19],
Suī bùcéng tīngguo Huánghé zhuàng,

澎湃[20] 汹涌[21] 在 梦里。
péngpài xiōngyǒng zài mèngli.

古老 的 东方 有 一 条 龙,
Gǔlǎo de dōngfāng yǒu yì tiáo lóng,

它 的 名字 就 叫 中国。
tā de míngzi jiù jiào Zhōngguó.

古老 的 东方 有 一 群[22] 人,
Gǔlǎo de dōngfāng yǒu yì qún rén,

他们 全 都 是 龙 的 传人。
tāmen quán dōu shì lóng de chuánrén.

巨龙 脚[23] 底下[24] 我 成长,
Jùlóng jiǎo dǐxia wǒ chéngzhǎng,

长成[25] 以后 是 龙 的 传人。
zhǎngchéng yǐhòu shì lóng de chuánrén.

◀ 06

14）黄河 Huánghé：黄河、全長 5464km。中国の北部を 流れ渤海へと注ぐ、アジアで3番目に長い川
15）虽 suī：～であるが
16）不曾 bùcéng：かつて～したことがない
17）看见（ポイント4参照）kànjiàn：見える、見かける
18）神游 shényóu：思いをはせる
19）壮 zhuàng：たくましい、壮大である

20）澎湃 péngpài：大波がぶつかり合うさま、気勢の盛 んなさま
21）汹涌 xiōngyǒng：沸き上がる、逆巻く
22）群 qún：群れ、団（量詞）
23）脚 jiǎo：足（足首より下）
24）底下 dǐxia：底部、根元部分、下
25）长成（ポイント4参照）zhǎngchéng：成長する

黑　眼睛　黑　头发　黄　皮肤，
Hēi　yǎnjing　hēi　tóufa　huáng　pífu,

永永远远　　是　龙　的　传人。
yǒngyǒngyuǎnyuǎn　shì　lóng　de　chuánrén.

04　龙是　中国人　　想像　　中的一个　神奇[26]　的　动物。它
Lóng shì　Zhōngguórén　xiǎngxiàng　zhōng de　yí　ge　shénqí　de　dòngwù.　Tā

不是[27]　汉　民族　一个　民族　的　象征，而　是　由　五十六　个
bú shì　Hàn　mínzú　yí　ge　mínzú　de　xiàngzhēng, ér　shì　yóu　wǔshiliù　ge

民族　融合　形成　的　中华　全　民族　的　象征。
mínzú　rónghé　xíngchéng　de　Zhōnghuá　quán　mínzú　de　xiàngzhēng.

四十　多　年　以后　的　今天，《龙　的　传人》仍然[28]　很　受[29]
Sìshí　duō nián　yǐhòu　de　jīntiān,《Lóng　de　Chuánrén》réngrán　hěn shòu

欢迎，而且　常常　有　歌星[30]　在《春节　联欢晚会》[31]上　演唱。
huānyíng, érqiě　chángcháng　yǒu　gēxīng　zài《Chūnjié liánhuān wǎnhuì》shang yǎnchàng.

他们　总是　唱得[32]　那么　柔和[33]，动听[34]。
Tāmen zǒngshì chàngde　nàme　róuhé,　dòngtīng.

07

26）神奇 shénqí：非常に不思議である、神秘的である	30）歌星 gēxīng：スター歌手
27）不是〜而是〜（ポイント3参照）bú shì〜ér shì〜：〜ではなく〜だ	31）联欢晚会 liánhuān wǎnhuì：交歓のタベ
	32）唱得〜（ポイント5参照）chàngde〜：歌い方が〜だ
28）仍然 réngrán：依然として、相変わらず	33）柔和 róuhé：優しい、柔らかい
29）受 shòu：受ける	34）动听 dòngtīng：感動的である

08

1 因为〜（所以）〜　〜のため〜だ

① 因为他第一次来东京，所以我想带他去新宿玩儿玩儿。
Yīnwèi tā dì yī cì lái Dōngjīng, suǒyǐ wǒ xiǎng dài tā qù Xīnsù wánrwanr.

② 这件事别告诉他，因为他知道了的话，一定很难过。
Zhè jiàn shì bié gàosu tā, yīnwèi tā zhīdaole dehuà, yídìng hěn nánguò.

2 不但〜而且（还/也）〜　〜だけでなく（その上）〜

① 他不但会说英语，而且还会说法语。 Tā búdàn huì shuō Yīngyǔ, érqiě hái huì shuō Fǎyǔ.

② 不但我没去过，而且大家都没去过。 Búdàn wǒ méi qùguo, érqiě dàjiā dōu méi qùguo.

3 不是〜而是〜　〜ではなく〜だ

① 她不是不会说，而是不想说。　　　　Tā bú shì bú huì shuō, ér shì bù xiǎng shuō.

② 不是天冷，而是她穿的衣服太少了。 Bú shì tiān lěng, ér shì tā chuān de yīfu tài shǎo le.

4 結果補語　動詞＋結果補語（動詞・形容詞）

① 他们已经长成大人了。　　　　　　　Tāmen yǐjīng zhǎngchéng dàrén le.

② 我听见了，但是没听懂。　　　　　　Wǒ tīngjiàn le, dànshì méi tīngdǒng.

5 様態補語　（動詞）＋目的語＋動詞＋得＋様態補語（形容詞・動詞など）

① 她唱得很好听。　　　　　　　　　　Tā chàngde hěn hǎotīng.

② 我（说）英语说得不太流利。　　　　Wǒ (shuō) Yīngyǔ shuōde bútài liúlì.

練習問題

Ⅰ．ピンインを漢字に直して、重要単語を覚えましょう。

1）míngzi

2）érqiě

3）jiǎndān

_____

_____

_____

4）yǐhòu

5）guānxi

6）huānyíng

_____

_____

_____

Ⅱ．（　　）の語句を並べ替えましょう。

1）こうすればお金がかかるだけでなく、非常に面倒です。
（做　不但　麻烦　很　也　而且　很　这样　费钱）

_____

2）風邪をひいたので、彼女は授業に来なかった。
（所以　了　上课　没　她　来　感冒　因为）

_____

3）私はしばしば子供の頃の夢を見る。
（常常　在　我　梦里　小时候　梦见　的　事情）

_____

4）私が努力していないのではなくて、問題が難しすぎるのです。
（不是　问题　而是　不努力　太难了　我）

_____

5）昨日はみんなとても楽しく遊びました。
（玩儿　昨天　非常　大家　开心　得）

_____

Ⅲ．本文に関する問いを書き取り、中国語で答えましょう。　🔊09

1）問：_____

　　答：_____

2）問：_____

　　答：_____

3）問：_____

　　答：_____

4）問：_____

　　答：_____

5）問：_____

　　答：_____

Ⅳ．中国語に訳しましょう。

1）このレストランの料理は美味しいだけでなく、安いです。

2）彼が毎日会話を練習しているのは、中国へ観光に行きたいからです。

3）私は行きたくないのではなく、行く時間がないのです。

4）深圳は小さい村落（村子）から大都市に変わりました（変成）。

5）彼は（運転で）スピードを出しすぎます。

2 | 中国人对理想社会的追求—孔子¹⁾、孙文²⁾、毛泽东³⁾—

Zhōngguórén duì lǐxiǎng shèhuì de zhuīqiú — Kǒngzǐ、 Sūn Wén、 Máo Zédōng —

◀ 11　两千 五百 多 年 以前，中国 有 一 位⁴⁾ 非常 有名 的
　　　Liǎngqiān wǔbǎi duō nián yǐqián, Zhōngguó yǒu yí wèi fēicháng yǒumíng de

思想家 和 教育家 叫 孔子。孔子 是 儒家 思想 的 创始人⁵⁾。
sīxiǎngjiā hé jiàoyùjiā jiào Kǒngzǐ. Kǒngzǐ shì Rújiā sīxiǎng de chuàngshǐrén.

孔子 去世⁶⁾ 以后，孟子⁷⁾ 等 人 进 一 步⁸⁾ 解释 并⁹⁾ 发展了 他
Kǒngzǐ qùshì yǐhòu, Mèngzǐ děng rén jìn yí bù jiěshì bìng fāzhǎnle tā

的 思想。长期 以来，孔子 的 思想 除了¹⁰⁾ 中国 以外，对 亚洲
de sīxiǎng. Chángqī yǐlái, Kǒngzǐ de sīxiǎng chúle Zhōngguó yǐwài, duì Yàzhōu

其他 国家 也 都 产生¹¹⁾了 重大 的 影响。
qítā guójiā yě dōu chǎnshēngle zhòngdà de yǐngxiǎng.

◀ 12　孔子 等 人 提出¹²⁾了 "仁 义 礼 智 信" 等 一系列¹³⁾ 概念，
　　　Kǒngzǐ děng rén tíchūle "rén yì lǐ zhì xìn" děng yíxìliè gàiniàn,

用 伦理 道德 来 约束¹⁴⁾ 和 规范¹⁵⁾ 上 至 君主 贵族，下 到
yòng lúnlǐ dàodé lái yuēshù hé guīfàn shàng zhì jūnzhǔ guìzú, xià dào

平民 百姓¹⁶⁾ 的 行为。孔子 还 特别 强调 天下¹⁷⁾ 不 是 国君¹⁸⁾
píngmín bǎixìng de xíngwéi. Kǒngzǐ hái tèbié qiángdiào tiānxià bú shì guójūn

◀ 15

---

1) 孔子 Kǒngzǐ：孔子（紀元前 551 年？—紀元前 479 年）
2) 孙文 Sūn Wén：孫文（1866 年 11 月 12 日—1925 年 3 月 12 日）
3) 毛泽东 Máo Zédōng：毛沢東（1893 年 12 月 26 日—1976 年 9 月 9 日）
4) 位 wèi：敬意を込めて人を数える量詞
5) 创始人 chuàngshǐrén：創始者
6) 去世 qùshì：亡くなる
7) 孟子 Mèngzǐ：孟子（紀元前 372 年？—紀元前 289 年？）
8) 进一步 jìn yí bù：さらに
9) 并（且）bìng (qiě)：その上、しかも

10) 除了~以外，~（ポイント 1 参照）chúle~yǐwài~：~を除いて~、~のほか~、~以外~
11) 产生 chǎnshēng：発生する、生じる
12) 提出 tíchū：提出する、提議する、提示する
13) 一系列 yíxìliè：一連の
14) 约束 yuēshù：制限する
15) 规范 guīfàn：規範（する）、規準（に合っている）
16) （老）百姓 (lǎo) bǎixìng：庶民
17) 天下 tiānxià：天下
18) 国君 guójūn：君主

一 个 人 的，而 是 属于[19] 广大 民众 所有。这 就 是 他
yí ge rén de, ér shì shǔyú guǎngdà mínzhòng suǒyǒu. Zhè jiù shì tā

提倡 的 "天下 为 公" 的 意思。孔子 的 理想 是 实现 大同[20]
tíchàng de "tiānxià wéi gōng" de yìsi. Kǒngzǐ de lǐxiǎng shì shíxiàn dàtóng

社会。在 大同 社会 里，不管[21] 是 男 的 还是 女 的，不管 是
shèhuì. Zài dàtóng shèhuì li, bùguǎn shì nán de háishi nǚ de, bùguǎn shì

老人 还是 儿童，大家 都 能 各尽 其能[22]，过[23]着[24] 幸福 和谐[25]
lǎorén háishi értóng, dàjiā dōu néng gèjìn qínéng, guòzhe xìngfú héxié

的 生活。
de shēnghuó.

　　大同 社会 在 中国 几 千 年 的 历史 中 虽然[26] 没有
Dàtóng shèhuì zài Zhōngguó jǐ qiān nián de lìshǐ zhōng suīrán méiyou

实现过，但是 中国人 也 从来 没有[27] 放弃过 对 这个 理想 的
shíxiànguo, dànshì Zhōngguórén yě cónglái méiyou fàngqìguo duì zhège lǐxiǎng de

追求。
zhuīqiú.

◀13　1911 年，深受 西方 民主 主义 思想 影响 的 孙 文
　　　Yījiǔyīyī nián, shēnshòu xīfāng mínzhǔ zhǔyì sīxiǎng yǐngxiǎng de Sūn Wén

成功 地[28] 推翻[29]了 封建 帝制 清 王朝，并 建立了 亚洲 第
chénggōng de tuīfānle fēngjiàn dìzhì Qīng wángcháo, bìng jiànlìle Yàzhōu dì

一 个 共和制 国家—中华民国。他 一生 最 喜爱 并 推崇[30]
yī ge gònghézhì guójiā — Zhōnghuámínguó. Tā yìshēng zuì xǐ'ài bìng tuīchóng

◀16

---

19) 属于 shǔyú：～に属する
20) 大同 dàtóng：公平で平和な理想社会
21) 不管～都～（ポイント２参照）bùguǎn~dōu~：～にか　かわらずすべて～
22) 各尽其能 gèjìn qínéng：各自が能力に応じて働く
23) 过 guò：過ごす
24) 着（ポイント３参照）zhe：～している
25) 和谐 héxié：仲むつまじい、調和がとれている

26) 虽然～但是～（ポイント４参照）suīrán~dànshì~：～　だがしかし～
27) 从来没有 cónglái méiyou：これまで一度もない
28) 地（ポイント５参照）de：動詞や形容詞について連用　修飾語を作る助詞
29) 推翻 tuīfān：覆す
30) 推崇 tuīchóng：高く評価する

9

的 一 句 [31) 话 就 是 孔子 的 "天下 为 公"。
de yí jù huà jiù shì Kǒngzǐ de "tiānxià wéi gōng".

🔊14 1949 年, 在 毛 泽东 的 领导 [32) 下, 新 中国 成立 了。
Yījiǔsìjiǔ nián, zài Máo Zédōng de lǐngdǎo xià, xīn Zhōngguó chénglì le.

毛 泽东 一生 不断 [33) 地 要求 共产党 的 干部 要 克己奉公 [34),
Máo Zédōng yìshēng búduàn de yāoqiú gòngchǎndǎng de gànbù yào kèjǐfènggōng,

不 谋 私利, 全心 全意 地 为 人民 服务 [35)。 尽管 [36) 毛 泽东 的
bù móu sīlì, quánxīn quányì de wèi rénmín fúwù. Jǐnguǎn Máo Zédōng de

政策 屡屡 [37) 失败, 但是 他 始终 坚持 不懈 [38) 地 追求 并
zhèngcè lǚlǚ shībài, dànshì tā shǐzhōng jiānchí búxiè de zhuīqiú bìng

强行 地 去 实现 一 个 大公 无私 [39) 的 社会 主义 社会。
qiángxíng de qù shíxiàn yí ge dàgōng wúsī de shèhuì zhǔyì shèhuì.

有 人 认为 [40), 毛 泽东 的 时代 是 一 个 百姓 受苦 [41) 的
Yǒu rén rènwéi, Máo Zédōng de shídài shì yí ge bǎixìng shòukǔ de

时代。 可是 也 有 不少 人 对 毛 泽东 的 时代 很 怀念 [42)。
shídài. Kěshì yě yǒu bùshǎo rén duì Máo Zédōng de shídài hěn huáiniàn.

甚至 [43) 还 有 人 认为, 毛 泽东 追求 的 理想 社会 和 孔子 的
Shènzhì hái yǒu rén rènwéi, Máo Zédōng zhuīqiú de lǐxiǎng shèhuì hé Kǒngzǐ de

大同 社会 是 非常 相近 [44) 的。
dàtóng shèhuì shì fēicháng xiāngjìn de.

🔊17

---

31) 句 jù：文、センテンス

32) 领导 lǐngdǎo：指導する

33) 不断 búduàn：絶えず

34) 克己奉公 kèjǐfènggōng：私心を抑えて公のために尽くす

35) 服务 fúwù：サービスする、奉仕する

36) 尽管〜但是〜（ポイント4参照）jǐnguǎn~dànshì~：〜ではあるが、しかし〜

37) 屡屡 lǚlǚ：何度も

38) 坚持不懈 jiānchí búxiè：たゆまず頑張り抜く

39) 大公无私 dàgōng wúsī：公正無私である

40) 认为 rènwéi：〜と思う、〜と考える、〜と主張する

41) 受苦 shòukǔ：苦しい目に遭う

42) 怀念 huáiniàn：しのぶ、懐かしむ

43) 甚至 shènzhì：さらには、〜さえ、〜すら

44) 相近 xiāngjìn：近い、似ている

ポイント

1 除了～以外，（也 / 还 / 都）～ ～を除いて～、～のほか～、～以外～

① 她除了英国以外，还去过法国和意大利。
   Tā chúle Yīngguó yǐwài, hái qùguo Fǎguó hé Yìdàlì.

② 除了他以外，大家都不明白这是什么意思。
   Chúle tā yǐwài, dàjiā dōu bù míngbai zhè shì shénme yìsi.

2 不管 / 无论 / 不论～都～ ～にかかわらず～、～であろうがなかろうが～

① 不管是大学生还是研究生，大家都想找一份好工作。
   Bùguǎn shì dàxuéshēng háishi yánjiūshēng, dàjiā dōu xiǎng zhǎo yí fèn hǎo gōngzuò.

② 梅雨期，不管下不下雨，都应该带雨伞。
   Méiyǔqī, bùguǎn xià bu xià yǔ, dōu yīnggāi dài yǔsǎn.

3 ～着 持続や存続を表す

① 她今天穿着一件时髦的长裙子。 Tā jīntiān chuānzhe yí jiàn shímáo de cháng qúnzi.

② 走着去要多长时间？　　　　 Zǒuzhe qù yào duō cháng shíjiān?
   （動詞₁＋着＋動詞₂：前の動詞が後ろの動詞の動作の方式や状態を示す）

4 虽然 / 尽管～但是 / 可是 / 然而～ ～だが、しかし～

① 虽然有钱，但是没有时间。　　 Suīrán yǒu qián, dànshì méi yǒu shíjiān.

② 尽管工作很紧张，但是她每天都坚持学习英语。
   Jǐnguǎn gōngzuò hěn jǐnzhāng, dànshì tā měi tiān dōu jiānchí xuéxí Yīngyǔ.

5 ～地 形容詞などの語句の後に用いて連用修飾語を作る

① 他很快地学会了两门外语。　　 Tā hěn kuài de xuéhuìle liǎng mén wàiyǔ.

② 他生气地说：以后不要来了！　 Tā shēngqì de shuō: yǐhòu bú yào lái le!

Ⅰ．ピンインを漢字に直して、重要単語を覚えましょう。

1）yǒumíng　　　　　2）yǐngxiǎng　　　　　3）xǐ'ài

_____　　　_____　　　_____

4）shèhuì　　　　　　5）rènwéi　　　　　　6）shēnghuó

_____　　　_____　　　_____

Ⅱ．（　　）の語句を並べ替えましょう。

1）水泳のほか、私はスキーも好きです。

（游泳　以外　喜欢　我　滑雪　还　除了）

_____

2）あなたは行くかどうかにかかわらず、私に一声かけるべきです。

（你　去　告诉　不管　一声　不去　都　我　应该）

_____

3）この種の魚は焼いて食べるのが最も美味しいです。

（好吃　这　最　种　鱼　烤　吃　着）

_____

4）生活は苦しいですが、家庭の雰囲気はとてもなごやかです。

（苦　和谐　虽然　家庭　很　生活　但是　气氛　很）

_____

5）彼女はとても熱心に一人一人と挨拶しました。

（打招呼　她　热情　非常　地　每一个人　跟）

_____

Ⅲ．本文に関する問いを書き取り、中国語で答えましょう。　◀19

1）問：＿＿＿＿＿＿＿＿＿＿＿＿＿＿＿＿＿＿＿＿＿＿＿＿＿＿＿＿＿

　　答：＿＿＿＿＿＿＿＿＿＿＿＿＿＿＿＿＿＿＿＿＿＿＿＿＿＿＿＿＿

2）問：＿＿＿＿＿＿＿＿＿＿＿＿＿＿＿＿＿＿＿＿＿＿＿＿＿＿＿＿＿

　　答：＿＿＿＿＿＿＿＿＿＿＿＿＿＿＿＿＿＿＿＿＿＿＿＿＿＿＿＿＿

3）問：＿＿＿＿＿＿＿＿＿＿＿＿＿＿＿＿＿＿＿＿＿＿＿＿＿＿＿＿＿

　　答：＿＿＿＿＿＿＿＿＿＿＿＿＿＿＿＿＿＿＿＿＿＿＿＿＿＿＿＿＿

4）問：＿＿＿＿＿＿＿＿＿＿＿＿＿＿＿＿＿＿＿＿＿＿＿＿＿＿＿＿＿

　　答：＿＿＿＿＿＿＿＿＿＿＿＿＿＿＿＿＿＿＿＿＿＿＿＿＿＿＿＿＿

5）問：＿＿＿＿＿＿＿＿＿＿＿＿＿＿＿＿＿＿＿＿＿＿＿＿＿＿＿＿＿

　　答：＿＿＿＿＿＿＿＿＿＿＿＿＿＿＿＿＿＿＿＿＿＿＿＿＿＿＿＿＿

Ⅳ．中国語に訳しましょう。

1）彼女以外は、誰もドイツ語を学んだことがありません。

2）本当か嘘かにかかわらず、彼らの言う事はすべてとてもおもしろいです。

3）教室のドアはずっと開いています。

4）とても頑張って勉強しているが、成績はずっと理想的ではない。

5）彼女は嬉しそうにみんなに（彼女が）やっと合格したことを告げた（終于）。

13

3 | 姓名回归[1]传统
Xìngmíng huíguī chuántǒng

◀21 古代 的 中国 并[2] 不 是 每 个 人 都 有 姓 的。当时,
Gǔdài de Zhōngguó bìng bú shì měi ge rén dōu yǒu xìng de. Dāngshí,

有 的 人 把[3] 官职 作为 自己 的 姓, 像[4] "司马"; 有 的 把
yǒu de rén bǎ guānzhí zuòwéi zìjǐ de xìng, xiàng "Sīmǎ"; yǒu de bǎ

封地[5] 作为 姓, 像 "邢"; 也 有 把 某 种[6] 技术 作为 姓 的,
fēngdì zuòwéi xìng, xiàng "Xíng"; yě yǒu bǎ mǒu zhǒng jìshù zuòwéi xìng de,

像 "陶" 等等。到了 汉代, 一般 的 老百姓 也 有 姓 了。
xiàng "Táo" děngděng. Dàole Hàndài, yìbān de lǎobǎixìng yě yǒu xìng le.

◀22 中国人 的 姓 有 单姓, 也 有 复姓, 像 "欧阳、诸葛",
Zhōngguórén de xìng yǒu dānxìng, yě yǒu fùxìng, xiàng "Ōuyáng、Zhūgě";

但是 单姓 是 主要 的。单姓 姓名 一般 是 三 个 字。前面
dànshì dānxìng shì zhǔyào de. Dānxìng xìngmíng yìbān shì sān ge zì. Qiánmiàn

的 字 是 姓, 中间 的 字 表示[7] 辈分[8], 最后 一 个 字 才[9] 是
de zì shì xìng, zhōngjiān de zì biǎoshì bèifen, zuìhòu yí ge zì cái shì

名。很 多 大家族 都 是 按[10] 辈 排列 的。比如[11], 孔子 第
míng. Hěn duō dàjiāzú dōu shì àn bèi páiliè de. Bǐrú, Kǒngzǐ dì

76 代 子孙 的 名字 中间 的 字 用 "令", 第 77 代 用 的
qīshiliù dài zǐsūn de míngzi zhōngjiān de zì yòng "lìng", dì qīshiqī dài yòng de

是 "德"。因此[12] 只要[13] 看 中间 用 什么 字, 就 能 知道 他
shì "dé". Yīncǐ zhǐyào kàn zhōngjiān yòng shénme zì, jiù néng zhīdao tā

◀25

---

1) 回归 huíguī：復帰する
2) 并（＋否定形）bìng：決して（～ない）
3) 把～作为～（ポイント1参照）bǎ~zuòwéi~：～を～にする、～を～とみなす
4) 像 xiàng：例えば～などである、～のようである
5) 封地 fēngdì：領地
6) 某种 mǒu zhǒng：ある種の
7) 表示 biǎoshì：表す

8) 辈（分）bèi (fen)：世代
9) 才 cái：やっと、初めて、（これ）こそ
10) 按～排列 àn~páiliè：～の順に並べる
11) 比如 bǐrú：例えば
12) 因此 yīncǐ：そのため
13) 只要～就～（ポイント2参照）zhǐyào~jiù~：～でさえあれば～、～しさえすれば～

是 孔子 的 第 几 代 子孙。
shì Kǒngzǐ de dì jǐ dài zǐsūn.

受 儒家 的 影响, 中国人 的 名字 里 多 有 "仁、义、
Shòu Rújiā de yǐngxiǎng, Zhōngguórén de míngzi li duō yǒu "rén、 yì、

礼、智、信" 等 字。 "富、贵、金、财、康、松、寿、杰、俊、
lǐ、 zhì、 xìn" děng zì. "Fù、 guì、 jīn、 cái、 kāng、 sōng、 shòu、 jié、 jùn、

栋、才" 等等 则[14] 体现了 父母们 希望 孩子 能 发家 致富[15]、
dòng、 cái" děngděng zé tǐxiànle fùmǔmen xīwàng háizi néng fājiā zhìfù、

健康、 长寿、 成为[16] 杰出 人才 的 心愿[17]。 对 女孩子, 一般
jiànkāng、 chángshòu、 chéngwéi jiéchū réncái de xīnyuàn. Duì nǚháizi, yìbān

多 用 "珍、丽、琴、香" 等 美丽 的 字 取 名字[18]。
duō yòng "zhēn、 lì、 qín、 xiāng" děng měilì de zì qǔ míngzi.

◀ 23 1949 年, 新 中国 成立 以后, 中国人 的 名字 如实[19]
Yījiǔsìjiǔ nián, Xīn Zhōngguó chénglì yǐhòu, Zhōngguórén de míngzi rúshí

地 反映了 当时 的 社会 和 政治 背景。 比如, 建国 前后, 很
de fǎnyìngle dāngshí de shèhuì hé zhèngzhì bèijǐng. Bǐrú, jiànguó qiánhòu, hěn

多 人 给 孩子 取名 叫 "建国、新民"。 50 年代 后期 出生 的
duō rén gěi háizi qǔmíng jiào "Jiànguó、 Xīnmín". Wǔshí niándài hòuqī chūshēng de

人 里 常常 可以 找到[20] "国强、跃进" 这样 的 名字。 60
rén li chángcháng kěyǐ zhǎodào "Guóqiáng、 Yuèjìn" zhèyàng de míngzi. Liùshí

年代 文革[21] 开始 以后, 名字 的 政治 色彩 变得 更加[22] 浓厚
niándài Wéngé kāishǐ yǐhòu, míngzi de zhèngzhì sècǎi biànde gèngjiā nónghòu

了。 这 期间 甚至 有 人 给 孩子 起名 叫 "向东、 卫东"
le. Zhè qījiān shènzhì yǒu rén gěi háizi qǐmíng jiào "Xiàngdōng、 Wèidōng"

等等。 意思 是 心 向 毛 泽东, 保卫 毛 泽东。 文革 结束[23]
děngděng. Yìsi shì xīn xiàng Máo Zédōng, bǎowèi Máo Zédōng. Wéngé jiéshù

◀ 26

---

14) 则 zé：一方、しかし（2つの事柄を対比、並べ立てる場合に用いる）

15) 发家致富 fājiā zhìfù：家が栄え裕福になる

16) 成为 chéngwéi：～になる

17) 心愿 xīnyuàn：願い

18) 取名字 / 起名字 qǔ míngzi/qǐ mínzi：名前をつける

19) 如实 rúshí：ありのままに

20) 找到 zhǎodào：見つかる、見つける

21) 文革 Wéngé：文革（「文化大革命」の略称）、中国で1966年から1976年まで続き、1977年に終結宣言がなされた政治運動

22) 更加 gèngjiā：いっそう

23) 结束 jiéshù：終わる

后, 独生 子女²⁴⁾ 政策 一²⁵⁾ 实施, 两个字 的 姓名 就 多起来²⁶⁾
hòu, dúshēng zǐnǚ zhèngcè yī shíshī, liǎng ge zì de xìngmíng jiù duōqǐlai

了, 像 "姚 明" 等等, 因为 中间 表示 同辈 的 字 已经 不
le, xiàng "Yáo Míng" děngděng, yīnwèi zhōngjiān biǎoshì tóngbèi de zì yǐjīng bù

需要²⁷⁾ 了。
xūyào le.

🔊24 中国人 喊叫²⁸⁾ 孩子 的 时候, 往往 喜欢 把 名字
Zhōngguórén hǎnjiào háizi de shíhou, wǎngwǎng xǐhuan bǎ míngzi

重叠²⁹⁾ 起来 使用, 像 "明明" 什么的³⁰⁾。 近 十 几 年 出生 的
chóngdiéqǐlai shǐyòng, xiàng "Míngming" shénmede. Jìn shí jǐ nián chūshēng de

小孩儿, 由于³¹⁾ 倍受 长辈³²⁾们 的 溺爱, 所以 他们 的 小名³³⁾,
xiǎoháir, yóuyú bèishòu zhǎngbèimen de nì'ài, suǒyǐ tāmen de xiǎomíng,

已经 不 仅仅³⁴⁾ 是 "明明" 或 "红红" 了, 而 多半³⁵⁾ 都
yǐjīng bù jǐnjǐn shì "Míngming" huò "Hónghong" le, ér duōbàn dōu

带³⁶⁾着 一个 "宝" 字, 变成了 "明宝" 或 "红宝"。 难怪³⁷⁾ 有
dàizhe yí ge "bǎo" zì, biànchéngle "Míngbǎo" huò "Hóngbǎo". Nánguài yǒu

人 嘲笑 说:"走遍³⁸⁾ 全 中国, 到处 都 是 宝"。
rén cháoxiào shuō: "zǒubiàn quán Zhōngguó, dàochù dōu shì bǎo".

幸运 的 是 中国 近年 来 放宽³⁹⁾了 生育⁴⁰⁾ 政策。 随着⁴¹⁾
Xìngyùn de shì Zhōngguó jìnnián lái fàngkuānle shēngyù zhèngcè. Suízhe

第 二 胎⁴²⁾、第 三 胎 的 出现, 中国人 的 姓名 又 开始 向
dì èr tāi、 dì sān tāi de chūxiàn, Zhōngguórén de xìngmíng yòu kāishǐ xiàng

三 个 字 的 传统 回归 了。
sān ge zì de chuántǒng huíguī le.

🔊27

---

24) 独生子女 dúshēng zǐnǚ：一人っ子
25) 一~就~（ポイント3参照）yī~jiù~：～するとすぐ～する
26) ～起来（ポイント4、5参照）~qǐlai：～し始める
27) 需要 xūyào：必要とする
28) 喊叫 hǎnjiào：大声で呼ぶ
29) 重叠 chóngdié：重なる
30) 什么的 shénmede：～など、～等々
31) 由于 yóuyú：～によって、～のために
32) 长辈 zhǎngbèi：（世代が）上の人、目上、年長の人

33) 小名 xiǎomíng：幼名
34) 仅（仅）jǐn (jǐn)：ただ、わずかに
35) 多半 duōbàn：大半
36) 带 dài：付く、帯びる、携帯する
37) 难怪 nánguài：なるほど、道理で
38) 走遍 zǒubiàn：くまなく歩く
39) 放宽 fàngkuān：緩和する
40) 生育 shēngyù：出産する
41) 随着 suízhe：～に従って、～につれて、～によって
42) 第二胎 dì èr tāi：2回目の出産

16

ポイント

1 把 構文   把 + 目的語 + 動詞 + 付加成分（〜をどう処置するか）

① 请把行李放在这儿吧。　　　　　Qǐng bǎ xíngli fàngzài zhèr ba.

② 你怎么还没把作业交给老师?　　Nǐ zěnme hái méi bǎ zuòyè jiāogěi lǎoshī?

2 只要〜就〜   〜しさえすれば、〜である

① 只要你打个电话，他马上就来。　Zhǐyào nǐ dǎ ge diànhuà, tā mǎshàng jiù lái.

② 只要是 6 点以前的电车，就有座位。
Zhǐyào shì liù diǎn yǐqián de diànchē, jiù yǒu zuòwei.

3 一〜就〜   〜するとすぐに、〜する

① 老师一说，学生们就明白了。　　Lǎoshī yì shuō, xuéshēngmen jiù míngbai le.

② 他一上课，就睡觉。真没办法！　Tā yí shàngkè, jiù shuìjiào. Zhēn méi bànfa!

4 方向補語 1   動詞 + 方向補語（来，去，回来，出去 など）

① 他们都起来了。　　　　　　　　Tāmen dōu qǐlai le.

② 咱们走回学校去吧。　　　　　　Zánmen zǒuhuí xuéxiào qu ba.

③ 请拿出护照来。　　　　　　　　Qǐng náchū hùzhào lai.

5 方向補語 2   動詞 / 形容詞 + 方向補語（起来，出来，过去，过来 など）　方向補語の
抽象的な派生義を表す

① 吃了药以后，身体慢慢好起来了。Chīle yào yǐhòu, shēntǐ mànmàn hǎoqǐlai le.（始まる）

② 快把被子叠起来吧。　　　　　　Kuài bǎ bèizi diéqǐlai ba.
　　　　　　　　　　　　　　　　　　　（分散・散乱から集中・整理整頓へ）

③ 这个主意太好了，谁想出来的?　Zhèige zhǔyi tài hǎo le, shéi xiǎngchūlai de?
　　　　　　　　　　　　　　　　　　　（思いつく、作り出す）

Ⅰ．ピンインを漢字に直して、重要単語を覚えましょう。

1）xìngmíng　　　　2）xīwàng　　　　3）zhǎodào

　　_____　　　　_____　　　　_____

4）lǎobǎixìng　　　5）zhīdao　　　　6）yìbān

　　_____　　　　_____　　　　_____

Ⅱ．（　　）の語句を並べ替えましょう。

1）ここに駐車しましょう。
　　（把　　咱们　　停　　吧　　在　　车　　这儿）

　　_____

2）しっかり努力しさえすれば、きっとマスターできる。
　　（多　　能　　学好　　用功　　只要　　一定　　就）

　　_____

3）私は3月になると必ず花粉症にかかってしまう。
　　（花粉症　　三月　　我　　一　　犯　　到　　就）

　　_____

4）彼らはいつ中国へ帰りますか。
　　（什么时候　　中国　　去　　他们　　回）

　　_____

5）これらの資料は不要になったので、片付けましょうね。
　　（不用　　这些　　起来　　了　　资料　　吧　　收）

　　_____

Ⅲ．本文に関する問いを書き取り、中国語で答えましょう。　◀29

　1）問：＿＿＿＿＿＿＿＿＿＿＿＿＿＿＿＿＿＿＿＿＿＿＿＿＿＿＿＿＿＿＿＿＿＿

　　　答：＿＿＿＿＿＿＿＿＿＿＿＿＿＿＿＿＿＿＿＿＿＿＿＿＿＿＿＿＿＿＿＿＿＿

　2）問：＿＿＿＿＿＿＿＿＿＿＿＿＿＿＿＿＿＿＿＿＿＿＿＿＿＿＿＿＿＿＿＿＿＿

　　　答：＿＿＿＿＿＿＿＿＿＿＿＿＿＿＿＿＿＿＿＿＿＿＿＿＿＿＿＿＿＿＿＿＿＿

　3）問：＿＿＿＿＿＿＿＿＿＿＿＿＿＿＿＿＿＿＿＿＿＿＿＿＿＿＿＿＿＿＿＿＿＿

　　　答：＿＿＿＿＿＿＿＿＿＿＿＿＿＿＿＿＿＿＿＿＿＿＿＿＿＿＿＿＿＿＿＿＿＿

　4）問：＿＿＿＿＿＿＿＿＿＿＿＿＿＿＿＿＿＿＿＿＿＿＿＿＿＿＿＿＿＿＿＿＿＿

　　　答：＿＿＿＿＿＿＿＿＿＿＿＿＿＿＿＿＿＿＿＿＿＿＿＿＿＿＿＿＿＿＿＿＿＿

　5）問：＿＿＿＿＿＿＿＿＿＿＿＿＿＿＿＿＿＿＿＿＿＿＿＿＿＿＿＿＿＿＿＿＿＿

　　　答：＿＿＿＿＿＿＿＿＿＿＿＿＿＿＿＿＿＿＿＿＿＿＿＿＿＿＿＿＿＿＿＿＿＿

Ⅳ．中国語に訳しましょう。

　1）彼はすでにあれらの本を古本屋に売りました。

　2）日曜日でなければ、私は参加することができます。

　3）私は彼と同じで、試験となるとすぐに緊張します。

　4）これらの雑誌は全部アメリカから持って来たものです。

　5）大雪が降ってから、天気はまた寒くなってきました。

4 传统的婚姻方式
Chuántǒng de hūnyīn fāngshì

■ 31 在 长 达 几 千 年 的 封建 时代， 中国 的 传统 婚姻
Zài cháng dá jǐ qiān nián de fēngjiàn shídài, Zhōngguó de chuántǒng hūnyīn

方式 是 包办¹⁾ 婚姻。 就是 说²⁾， 从 说媒³⁾、 定亲⁴⁾、 到 结婚 的
fāngshì shì bāobàn hūnyīn. Jiùshì shuō, cóng shuōméi, dìngqīn, dào jiéhūn de

各个 环节⁵⁾， 所有 的 事情 本人 都 决定不了⁶⁾， 而 是 由 父母
gègè huánjié, suǒyǒu de shìqing běnrén dōu juédìngbuliǎo, ér shì yóu fùmǔ

包办 代替⁷⁾。 即使⁸⁾ 当初 是 "指腹 为 婚⁹⁾"， 子女们 对 父母 的
bāobàn dàitì. Jíshǐ dāngchū shì "zhǐfù wéihūn", zǐnǚmen duì fùmǔ de

决定 也 必须 尊重 和 服从。 这 就是 孝， 是 儒家 长期 宣扬¹⁰⁾
juédìng yě bìxū zūnzhòng hé fúcóng. Zhè jiùshì xiào, shì Rújiā chángqī xuānyáng

的 美德 之 一。
de měidé zhī yī.

旧 中国 的 婚姻 还 有 一 个 特点， 就是 几 千 年 来
Jiù Zhōngguó de hūnyīn hái yǒu yí ge tèdiǎn, jiùshì jǐ qiān nián lái

一直 存在着 一夫一妻 多 妾 的 制度。 皇宫 里， 皇帝 除了
yìzhí cúnzàizhe yìfūyìqī duō qiè de zhìdù. Huánggōng li, huángdì chúle

皇后， 还 拥有 众多¹¹⁾ 的 妃嫔。 皇宫 外， 只要 是 有钱人，
huánghòu, hái yōngyǒu zhòngduō de fēipín. Huánggōng wài, zhǐyào shì yǒuqiánrén,

■ 34

---

1) 包办 bāobàn：一手に引き受ける、請け負う、独断で
　処理する

2) 就是说 jiùshì shuō：つまり

3) 说媒 shuōméi：結婚の仲立ちをする、仲人をする

4) 定亲 dìngqīn：（多く父母が主となって）婚約を決め
　る

5) 环节 huánjié：一環、部分

6) ～不了（ポイント1参照）~buliǎo：～できない、～し
　きれない

7) 包办代替 bāobàn dàitì：本人に代わってすべて取り決
　める

8) 即使～也～（ポイント3参照）jíshǐ~yě~：たとえ～で
　あっても～

9) 指腹为婚 zhǐfù wéihūn：子供が胎内にいる段階で双
　方の親が結婚の約束をする

10) 宣扬 xuānyáng：言い触らす、広く宣伝する

11) 众多 zhòngduō：（人が）多い（書き言葉に用いる）

初級者からの
ニュース・リスニング
CNN Student News 2023 [春夏]

動画音声付き
オンライン提供

音声アプリ＋動画で、
どんどん聞き取れる！

- ●レベル別に3種類の
  速度の音声を収録

- ●ニュース動画を字幕
  あり／なしで視聴できる

MP3・電子書籍版・
動画付き[オンライン提供]
A5判 定価1320円（税込）

1本30秒だから、聞きやすい！
CNN ニュース・リスニング 2023 [春夏]

電子書籍版付き
ダウンロード方式で提供

[30秒×3回聞き]方式で
世界標準の英語がどんどん聞き取れる！

- ●テイラー・スウィフトが
  長編映画の監督に

- ●まるでゾンビ!? クモの
  死体を[動くロボット]化

MP3・電子書籍版付き
（ダウンロード方式）
A5判 定価1100円（税込）
※「2023［秋冬］」以降、料金を改訂します

新しい英語力測定テストです。
詳しくはCNN GLENTSホームページをご覧ください。

https://www.asahipress.com/special/glents

CNN GLENTSとは

GLENTSとは、Global ENglish Testing Systemという名の通り、世界標準の英語力を測るシステムです。リアルな英語を聞き取るリスニングセクション、海外の話題を読み取るリーディングセクション、異文化を理解するのに必要な知識を問う国際教養セクションから構成される、世界に通じる「ホンモノ」の英語力を測定するためのテストです。

お問い合わせ先

株式会社 朝日出版社 「CNN GLENTS」事務局
フリーダイヤル: **0120-181-202** E-MAIL: **glents_support@asahipress.com**
（平日午前10時〜午後6時）

都 可以 随意 地 纳妾[12]。纳妾，北方人 一般 叫做 纳小 或 娶
dōu kěyǐ suíyì de nàqiè. Nàqiè, běifāngrén yìbān jiàozuò nàxiǎo huò qǔ

小老婆[13]。在南方 广东 则 叫做 娶 二奶。就是 身为 正妻
xiǎolǎopo. Zài nánfāng Guǎngdōng zé jiàozuò qǔ èrnǎi. Jiùshì shēnwéi zhèngqī

的 夫人 也 阻挡[14]不住[15]丈夫[16] 再 娶 第 二 或 第 三 房[17] 太太。
de fūren yě zǔdǎngbuzhù zhàngfu zài qǔ dì èr huò dì sān fáng tàitai.

🔊32 旧 中国，男女 是 不 平等 的。女子 出嫁[18] 以前 在 家里
Jiù Zhōngguó, nánnǚ shì bù píngděng de. Nǚzǐ chūjià yǐqián zài jiāli

要 服从 父母，出嫁 以后 就 要 服从 丈夫。无论[19] 丈夫 是 一
yào fúcóng fùmǔ, chūjià yǐhòu jiù yào fúcóng zhàngfu. Wúlùn zhàngfu shì yí

个 什么样 的 人，无论 他 的 人品[20] 如何[21]，都要"嫁 鸡 随
ge shénmeyàng de rén, wúlùn tā de rénpǐn rúhé, dōu yào "jià jī suí

鸡 嫁 狗 随 狗"[22]，跟随、伺候[23] 他 一辈子[24]。如果[25] 是 贫穷
jī jià gǒu suí gǒu", gēnsuí、cìhou tā yíbèizi. Rúguǒ shì pínqióng

人家[26] 的 女孩子 就 更 可怜[27] 了，因为 她们 当中 很 多 人
rénjiā de nǚháizi jiù gèng kělián le, yīnwèi tāmen dāngzhōng hěn duō rén

从小[28] 就 被[29] 父母 变相[30] 地 卖给了 大户[31] 人家 作 童养媳[32]。
cóngxiǎo jiù bèi fùmǔ biànxiàng de màigěile dàhù rénjiā zuò tóngyǎngxí.

然而，即便 是 在 这么 封建、黑暗 的 旧 社会 里，仍然
Rán'ér, jíbiàn shì zài zhème fēngjiàn、hēi'àn de jiù shèhuì li, réngrán

有 很 多 年轻人 追求、向往[33]着 自由 恋爱。流传[34]了 几 百
yǒu hěn duō niánqīngrén zhuīqiú、xiàngwǎngzhe zìyóu liàn'ài. Liúchuánle jǐ bǎi

🔊35

---

12) 纳妾 nàqiè：妾を囲うこと
13) 老婆 lǎopo：妻、女房、かみさん。小老婆：妾
14) 阻挡 zǔdǎng：阻止する、食い止める
15) ～不住（ポイント2参照）buzhù：～できない
16) 丈夫 zhàngfu：夫
17) 房 fáng：妾の数を数える量詞
18) 出嫁 chūjià：嫁ぐ、嫁に行く
19) 无论～都～（第2課ポイント2参照）wúlùn~dōu~：～にかかわらずすべて～
20) 人品 rénpǐn：人柄、品格、人品
21) 如何 rúhé：どのように、どう
22) 嫁鸡随鸡嫁狗随狗 jià jī suí jī jià gǒu suí gǒu：どんな夫であっても嫁に行ったら夫に従う
23) 伺候 cìhou：（身の回りの）世話をする
24) 一辈子 yíbèizi：一生
25) 如果～就～（ポイント4参照）rúguǒ~jiù~：もし～ならば～
26) 人家 rénjiā：家庭
27) 可怜 kělián：かわいそうである
28) 从小 cóngxiǎo：小さいときから
29) 被（ポイント5参照）bèi：～に～される、～によって～される
30) 变相 biànxiàng：手口を変えた、形を変えた
31) 大户 dàhù：金持ちの家、大金持ち
32) 童养媳 tóngyǎngxí：息子の嫁にするため他家から引き取って育てた女の子
33) 向往 xiàngwǎng：憧れる
34) 流传 liúchuán：伝わる

年 的 民间 故事 梁 山伯³⁵⁾ 与 祝 英台³⁶⁾ 就 反映、歌颂³⁷⁾了 这
nián de mínjiān gùshi Liáng Shānbó yǔ Zhù Yīngtái jiù fǎnyìng、 gēsòngle zhè

一 美好³⁸⁾ 的 愿望。
yī měihǎo de yuànwàng.

🔊33 到了 民国 时期, 特别 是 新文化 运动³⁹⁾ 大力 提倡 男女
Dàole Mínguó shíqī, tèbié shì Xīnwénhuà yùndòng dàlì tíchàng nánnǚ

平等 和 自主⁴⁰⁾ 婚姻, 一夫一妻 制 也 开始 实行起来, 并 被
píngděng hé zìzhǔ hūnyīn, yìfūyìqī zhì yě kāishǐ shíxíngqǐlai, bìng bèi

写进了 婚姻法。但是, 纳妾 的 问题 始终 没有 得到⁴¹⁾ 彻底
xiějìnle hūnyīnfǎ. Dànshì, nàqiè de wèntí shǐzhōng méiyou dédào chèdǐ

解决。因为 当时 的 解释 是 纳妾 不 算⁴²⁾ 是 正式 婚姻, 所以
jiějué. Yīnwèi dāngshí de jiěshì shì nàqiè bú suàn shì zhèngshì hūnyīn, suǒyǐ

也 就 不 能 被 看作 是 重婚。不过 妾 的 称呼⁴³⁾ 随着 帝制
yě jiù bù néng bèi kànzuò shì chónghūn. Búguò qiè de chēnghu suízhe dìzhì

的 灭亡 渐渐⁴⁴⁾ 消失⁴⁵⁾ 了, 取而代之⁴⁶⁾ 的 是 姨太太⁴⁷⁾。因此,
de mièwáng jiànjiàn xiāoshī le, qǔ'érdàizhī de shì yítàitai. Yīncǐ,

和 封建 社会 一样, 民国 时期 的 官员 和 富裕⁴⁸⁾ 人家 照样⁴⁹⁾
hé fēngjiàn shèhuì yíyàng, Mínguó shíqī de guānyuán hé fùyù rénjiā zhàoyàng

可以 娶 姨太太。这 种 一夫一妻 多 妾 的 婚姻 制度 一直
kěyǐ qǔ yítàitai. Zhè zhǒng yìfūyìqī duō qiè de hūnyīn zhìdù yìzhí

延续⁵⁰⁾到 新 中国 成立 才 被 划上⁵¹⁾了 休止符。
yánxùdào xīn Zhōngguó chénglì cái bèi huàshàngle xiūzhǐfú.

🔊36

35）梁山伯 Liáng Shānbó：梁山伯（人名）
36）祝英台 Zhù Yīngtái：祝英台（人名）
37）歌颂 gēsòng：たたえる、賛美する
38）美好 měihǎo：すばらしい
39）新文化运动 Xīnwénhuà yùndòng：五四文化革命とも
　　いう、1910年代後半から20年代初頭にかけて中
　　国で展開された文学、文化、思想の革新運動
40）自主 zìzhǔ：自主的に行う
41）得到 dédào：得る、手に入れる
42）算 suàn：～とみなす

43）称呼 chēnghu：呼び名、呼称
44）渐渐 jiànjiàn：だんだん、次第に
45）消失 xiāoshī：消えてなくなる
46）取而代之 qǔ'érdàizhī：取って代わる
47）姨太太 yítàitai：妾、二号、お妾さん、愛人
48）富裕 fùyù：裕福である
49）照样 zhàoyàng：相変わらず、依然として
50）延续 yánxù：継続する、続いていく
51）划上 huàshàng：描く、引く

ポイント

1 **可能補語 1** 動詞＋得了／不了＋目的語（実現できる、量的に〜しきれる）

① 这么多菜，你一个人吃得了吗？　Zhème duō cài, nǐ yí ge rén chīdeliǎo ma?

② 对不起，我明天有事，去不了。　Duìbuqǐ, wo míngtiān yǒu shì, qùbuliǎo.

2 **可能補語 2** 動詞＋得／不＋結果補語／方向補語（多くの可能補語は結果補語か方向補語から作られる）

① 你一个星期看得完这本小说吗？　Nǐ yí ge xīngqī kàndewán zhè běn xiǎoshuō ma?

② 走二十分钟大概走不回大学来。　Zǒu èrshí fēnzhōng dàgài zǒubuhuí dàxué lai.

3 **即使／就是／即便〜也〜**　たとえ〜であっても〜

① 就是有钱，也不该乱花。　Jiùshì yǒu qián, yě bù gāi luàn huā.

② 即使问题再多，我们也得想办法解决。
Jíshǐ wèntí zài duō, wǒmen yě děi xiǎng bànfa jiějué.

4 **如果／要是／若是／倘若〜（就）〜**　もし〜ならば〜

① 如果你不相信就去试试。　Rúguǒ nǐ bù xiāngxìn jiù qù shìshi.

② 要是将来成功了，你打算过一种什么样的生活？
Yàoshi jiānglái chénggōngle, nǐ dǎsuan guò yì zhǒng shénmeyàng de shēnghuó?

5 **受身文**　主語＋被（＋行為者）＋動詞＋付加成分（補語、了 など）　〜に〜される

① 他的自行车被人骑走了。　Tā de zìxíngchē bèi rén qízǒu le.

② 她从来没有被人批评过。　Tā cónglái méiyou bèi rén pīpíngguo.

Ⅰ．ピンインを漢字に直して、重要単語を覚えましょう。

1）rúguǒ　　　　　2）jiéhūn　　　　　3）bìxū

_____　　_____　　_____

4）juédìng　　　　5）wèntí　　　　　6）jiějué

_____　　_____　　_____

Ⅱ．（　　）の語句を並べ替えましょう。

1）あなたは彼が話す中国語が分かりますか？
（你　他　说　吗　汉语　的　得　听　懂）

_____

2）彼らは今日は用事があって、誰も来られません。
（来不了　今天　有　都　事　他们）

_____

3）たとえ彼女が言い間違ったとしても、あなたが怒ることはありません。
（不用　就是　她　也　生气　了　你　说错）

_____

4）もし列車が遅れたら、私にショートメールをください。
（就　短信　火车　给　个　如果　你　我　发　晚点）

_____

5）彼は20年働きましたが、まだ会社に重用されたことはありません。
（公司　没有　二十　工作　他　年　被　了　过　可是　还　重用）

_____

Ⅲ．本文に関する問いを書き取り、中国語で答えましょう。 ◀38

1）問：＿＿＿＿＿＿＿＿＿＿＿＿＿＿＿＿＿＿＿＿＿＿＿＿＿＿＿

　　答：＿＿＿＿＿＿＿＿＿＿＿＿＿＿＿＿＿＿＿＿＿＿＿＿＿＿＿

2）問：＿＿＿＿＿＿＿＿＿＿＿＿＿＿＿＿＿＿＿＿＿＿＿＿＿＿＿

　　答：＿＿＿＿＿＿＿＿＿＿＿＿＿＿＿＿＿＿＿＿＿＿＿＿＿＿＿

3）問：＿＿＿＿＿＿＿＿＿＿＿＿＿＿＿＿＿＿＿＿＿＿＿＿＿＿＿

　　答：＿＿＿＿＿＿＿＿＿＿＿＿＿＿＿＿＿＿＿＿＿＿＿＿＿＿＿

4）問：＿＿＿＿＿＿＿＿＿＿＿＿＿＿＿＿＿＿＿＿＿＿＿＿＿＿＿

　　答：＿＿＿＿＿＿＿＿＿＿＿＿＿＿＿＿＿＿＿＿＿＿＿＿＿＿＿

5）問：＿＿＿＿＿＿＿＿＿＿＿＿＿＿＿＿＿＿＿＿＿＿＿＿＿＿＿

　　答：＿＿＿＿＿＿＿＿＿＿＿＿＿＿＿＿＿＿＿＿＿＿＿＿＿＿＿

Ⅳ．中国語に訳しましょう。

1）年を取りすぎていて、恐らくこの山には登れません。

2）ものが多すぎて、私一人では持てません。

3）たとえ百点が取れたとしても、自慢するべきではありません（骄傲）。

4）明日雨が降るなら、私達は花見に行きません。

5）多くの子供が両親によって小さいときから海外留学に出される。

5 | 现代婚恋观的变化
Xiàndài hūnliànguān de biànhuà

🔊 40 新 中国 成立 后 公布 的 婚姻法， 明确 地 规定 实行
Xīn Zhōngguó chénglì hòu gōngbù de hūnyīnfǎ, míngquè de guīdìng shíxíng

一夫一妻 制， 并 严格 禁止 纳妾。 同时 也 规定 不许 包办
yìfūyìqī zhì, bìng yángé jìnzhǐ nàqiè. Tóngshí yě guīdìng bùxǔ bāobàn

婚姻 和 养 童养媳。
hūnyīn hé yǎng tóngyǎngxí.

毛 泽东 时代 对 婚外 发生 男女 关系 的 处分 是 十分
Máo Zédōng shídài duì hūnwài fāshēng nánnǚ guānxi de chǔfèn shì shífēn

严厉[1) 的。 干部 一旦[2) 出现 "作风[3) 问题"， 就 会 受到 党 内
yánlì de. Gànbù yídàn chūxiàn "zuòfēng wèntí", jiù huì shòudào dǎng nèi

的 处分， 其 政治 前途 也 会 蒙[4)上 一 层[5) 阴影[6)。 另外[7)， 受
de chǔfèn, qí zhèngzhì qiántú yě huì méngshàng yì céng yīnyǐng. Lìngwài, shòu

极左 思想 的 影响， 人们 非常 重视 家庭 的 阶级 成份[8)。
jízuǒ sīxiǎng de yǐngxiǎng, rénmen fēicháng zhòngshì jiātíng de jiējí chéngfèn.

那时， 一般人 都 不 愿 和 "地、 富、 反、 坏、 右"[9) 以及
Nàshí, yìbānrén dōu bú yuàn hé "dì, fù, fǎn, huài, yòu" yǐjí

资本家 家庭 出身 的 子女 谈 恋爱[10)、 结婚。 干部、 军人、 工人
zīběnjiā jiātíng chūshēn de zǐnǚ tán liàn'ài, jiéhūn. Gànbù, jūnrén, gōngrén

🔊 43

---

1) 严厉 yánlì：厳格である
2) 一旦~就~（ポイント1参照）yídàn~jiù~：ひとたび ～しようものなら～
3) 作风 zuòfēng：（思想・仕事・生活上の）態度、やり方、行い
4) 蒙 méng：覆う、かぶせる
5) 层 céng：層、階
6) 阴影 yīnyǐng：陰影、暗い影

7) 另外 lìngwài：さらに、ほかに
8) 阶级成份 jiējí chéngfèn：家庭や個人の、解放前の階級区分によって定められた身分
9) 地富反坏右 dì fù fǎn huài yòu：1950年代から文化大革命期までの階級闘争をかなめとした時期に、人民の敵として弾圧・監視された「地主、裕福農民、反革命派、悪者、右派分子」を指す
10) 谈恋爱 tán liàn'ài：恋愛をする

家庭 出身 最受 女 青年 的 欢迎。
jiātíng chūshēn zuì shòu nǚ qīngnián de huānyíng.

🔊41 78 年 改革 开放 以后, 日常 生活 中 的 政治 色彩 也
Qībā nián gǎigé kāifàng yǐhòu, rìcháng shēnghuó zhōng de zhèngzhì sècǎi yě

日渐 淡化[11], 年轻人 和 家长们 不 再 关心 对方[12] 的 阶级
rìjiàn dànhuà, niánqīngrén hé jiāzhǎngmen bú zài guānxīn duìfāng de jiējí

成份 了[13]。 人们 开始 重视 经济 实力。 现在, 特别 是 像 京
chéngfèn le. Rénmen kāishǐ zhòngshì jīngjì shílì. Xiànzài, tèbié shì xiàng Jīng

广 沪 这样 的 大城市, 对方 有 没 有 房子 已经 成为
Guǎng Hù zhèyàng de dàchéngshì, duìfāng yǒu méi yǒu fángzi yǐjīng chéngwéi

一部分 女 青年 找 对象 的 重要 条件。
yíbùfèn nǚ qīngnián zhǎo duìxiàng de zhòngyào tiáojiàn.

随着 经济 的 迅速 发展 和 贫富 差距[14] 的 扩大, 暴富[15]
Suízhe jīngjì de xùnsù fāzhǎn hé pínfù chājù de kuòdà, bàofù

的 老板 以及 有权 有势 的 官员 又 成了 许多 女性 追捧[16] 的
de lǎobǎn yǐjí yǒuquán yǒushì de guānyuán yòu chéngle xǔduō nǚxìng zhuīpěng de

对象。 于是, 像 旧 社会 一样 包养[17] 二奶 和 私通 小三[18] 的
duìxiàng. Yúshì, xiàng jiù shèhuì yíyàng bāoyǎng èrnǎi hé sītōng xiǎosān de

现象 再次 出现 了。 今昔 的 二奶 都 相对 比较 "安分[19]",
xiànxiàng zàicì chūxiàn le. Jīnxī de èrnǎi dōu xiāngduì bǐjiào "ānfèn",

只要 男人 能 出钱 供[20] 她 生活 就 基本上 满足 了。 但是
zhǐyào nánrén néng chūqián gōng tā shēnghuó jiù jīběnshang mǎnzú le. Dànshì

当今[21] 社会 的 小三 则 不然[22], 她 想 干 什么[23] 就 干 什么,
dāngjīn shèhuì de xiǎosān zé bùrán, tā xiǎng gàn shénme jiù gàn shénme,

🔊44

---

11) 日渐淡化 rìjiàn dànhuà：徐々に消える、日ごとに薄くなる

12) 对方 duìfāng：相手方、相手側、先方

13) 不～了（ポイント2参照）bù~le：～しなくなった

14) 差距 chājù：格差、ギャップ

15) 暴富 bàofù：成金になる（急に金持ちになること）

16) 追捧 zhuīpěng：絶賛する、追いかけ（崇拝す）る

17) 包养 bāoyǎng：愛人を囲う

18) 小三 xiǎosān：若い愛人、情婦

19) 安分 ānfèn：おとなしくしている、分をわきまえている

20) 供 gōng：供給する、提供する

21) 当今 dāngjīn：現在、当世、近ごろ

22) 不然 bùrán：そうではない

23) 什么～什么～（ポイント3参照）shénme~shénme~：
　　～なら何でも～

胆子²⁴⁾ 实在 大 得 很²⁵⁾。她们 不但 有时 会 威胁²⁶⁾到 妻子 的
dǎnzi shízài dà de hěn. Tāmen búdàn yǒushí huì wēixiédào qīzi de

地位，而且 如果 自己 的 要求 得不到²⁷⁾ 满足，还 敢²⁸⁾ 把 个人
dìwèi, érqiě rúguǒ zìjǐ de yāoqiú débudào mǎnzú, hái gǎn bǎ gèrén

秘密 公开出去 让 官员们 抬不起 头 来²⁹⁾，甚至 会 把 丑闻³⁰⁾
mìmì gōngkāichūqu ràng guānyuánmen táibuqǐ tóu lái, shènzhì huì bǎ chǒuwén

公开在 网上³¹⁾ 让³²⁾ 他们 身败 名裂³³⁾。
gōngkāizài wǎngshang ràng tāmen shēnbài míngliè.

🔊 42 谈到 婚恋观，学生 时代 可以 说 是 最 单纯³⁴⁾ 的。因为
Tándào hūnliànguān, xuésheng shídài kěyǐ shuō shì zuì dānchún de. Yīnwèi

大学生 一般 不 太 在乎³⁵⁾ 对方 的 家庭 条件 和 经济 条件，
dàxuéshēng yìbān bú tài zàihu duìfāng de jiātíng tiáojiàn hé jīngjì tiáojiàn,

而且 也 没 大 有 "门当 户对³⁶⁾" 的 观念。他们 重视 的 是
érqiě yě méi dà yǒu "méndāng hùduì" de guānniàn. Tāmen zhòngshì de shì

对方 的 人品、性格 和 外貌³⁷⁾。只要 两 个 人 有 感情，有
duìfāng de rénpǐn、xìnggé hé wàimào. Zhǐyào liǎng ge rén yǒu gǎnqíng, yǒu

共同 语言，能 谈得来³⁸⁾，再 加上 性格 合适³⁹⁾，就 足够⁴⁰⁾ 了。
gòngtóng yǔyán, néng tándelái, zài jiāshàng xìnggé héshì, jiù zúgòu le.

对⁴¹⁾ 很 多 人 来 说，学生 时代 是 他们 人生 中 最 宝贵⁴²⁾、
Duì hěn duō rén lái shuō, xuésheng shídài shì tāmen rénshēng zhōng zuì bǎoguì、

最 幸福 的 美好 时代。
zuì xìngfú de měihǎo shídài.

🔊 45

---

24) 胆子 dǎnzi：肝っ玉、度胸
25) 大得很（ポイント4参照）dà de hěn：非常に大きい
26) 威胁 wēixié：威嚇する、脅かす
27) 得不到 débudào：得られない
28) 敢 gǎn：思い切って～する
29) 抬不起头来 táibuqǐ tóu lái：頭を上げることができない
30) 丑闻 chǒuwén：スキャンダル
31) 网上 wǎngshang：ネット上
32) 让（ポイント5参照）ràng：～させる
33) 身败名裂 shēnbài míngliè：地位も名誉も失う
34) 单纯 dānchún：単純である、純粋である
35) 在乎 zàihu：意に介する、気にかける
36) 门当户对 méndāng hùduì：（縁組みする男女の）家柄が釣り合っている
37) 外貌 wàimào：外観、見た目
38) 谈得来 tándelái：（人と）話が合う
39) 合适 héshì：適切である、ちょうど良い
40) 足够 zúgòu：十分である、足りる
41) 对～来说 duì～lái shuō：～について言えば
42) 宝贵 bǎoguì：貴重な

1 一旦～就～　ひとたび～しようものなら～

① 一旦发现对方没有诚意，就应该赶快分手。
　　Yídàn fāxiàn duìfāng méi yǒu chéngyì, jiù yīnggāi gǎnkuài fēnshǒu.

② 这件事一旦被他们知道就麻烦了。 Zhè jiàn shì yídàn bèi tāmen zhīdao jiù máfan le.

2 了　の基本用法

① 晚上，我看了一个小时电视。（完了）
　　Wǎnshang, wǒ kànle yí ge xiǎoshí diànshì.

② 天冷了，他不出去散步了。（変化、変更）
　　Tiān lěng le, tā bù chūqu sànbù le.

③ 她学了两年汉语了。（継続）
　　Tā xuéle liǎng nián Hànyǔ le.

3 特殊複文1　什么～什么～　など　（複文の前後で同じ疑問詞を呼応させる）～なら

何でも～

① 今天我请客，你们想吃什么就点什么吧。
　　Jīntiān wǒ qǐngkè, nǐmen xiǎng chī shénme jiù diǎn shénme ba.

② 你怎么想就怎么说吧。　　　　　　　Nǐ zěnme xiǎng jiù zěnme shuō ba.

4 程度補語1　形容詞＋得很 / 得要命 / 得要死 / 得不得了など　すごく～だ

① 这个人坏得很，最好离他远一点儿。 Zhège rén huài de hěn, zuìhǎo lí tā yuǎn yìdiǎnr.

② 现在头疼得要命，得请假休息。　　　Xiànzài tóu téng de yàomìng, děi qǐngjià xiūxi.

5 使役文　主語＋让（＋名詞）＋動詞（＋目的語）　～させる、～するように言う

① 公司让他们两个人一起去处理这件事。
　　Gōngsī ràng tāmen liǎng ge rén yìqǐ qù chǔlǐ zhè jiàn shì.

② 这家医院不让护士给病人打针。　　　Zhè jiā yīyuàn bú ràng hùshi gěi bìngrén dǎ zhēn.

Ⅰ．ピンインを漢字に直して、重要単語を覚えましょう。

1）zhòngshì
2）tán liàn'ài
3）guānxīn

_____
_____
_____

4）zhǎo duìxiàng
5）héshì
6）tiáojiàn

_____
_____
_____

Ⅱ．（　）の語句を並べ替えましょう。

1）一度決めたら、徹底的に行います。
（决心　要　一旦　下　了　就　干到底）

_____

2）英語を学んでどのくらいになりますか。
（学　了　英语　你　多长时间　了）

_____

3）夏はひどく暑い、暑くて眠れないときもある。
（热　夏天　得　厉害　得　有时候　热　睡不着觉）

_____

4）簡単そうな授業ばかりを選択してしまい、今は本当に後悔しています。
（课　我　简单　课　什么　就　选了　真　什么　后悔　现在）

_____

5）お母さんは一貫して彼女をこのようなパーティーには参加させません。
（一直　妈妈　参加　让　不　她　这种　酒会）

_____

Ⅲ．本文に関する問いを書き取り、中国語で答えましょう。 🔊 47

　　1）問：_____

　　　　答：_____

　　2）問：_____

　　　　答：_____

　　3）問：_____

　　　　答：_____

　　4）問：_____

　　　　答：_____

　　5）問：_____

　　　　答：_____

Ⅳ．中国語に訳しましょう。

　　1）いったん問題が起きたら、この会社が責任を負わなければなりません。

　　2）難しすぎるので、私は勉強するのを止めます。

　　3）昨日 2 時間しか寝なかったから、眠くて死にそうです。

　　4）買いたいものは何でも買ってください。

　　5）安心してください。あなたを失望させることはしません。

6 城乡¹⁾差距与学生就业

Chéngxiāng chājù yǔ xuésheng jiùyè

◀ 49 从 50 年代 起，几 个 关于²⁾ 户籍 的 文件³⁾ 把 中国人
Cóng wǔshí niándài qǐ, jǐ ge guānyú hùjí de wénjiàn bǎ Zhōngguórén

分成了 两 大 阶层：农业 户口⁴⁾ 和 非 农业 户口。尽管 中国
fēnchéngle liǎng dà jiēcéng: nóngyè hùkǒu hé fēi nóngyè hùkǒu. Jǐnguǎn Zhōngguó

历届⁵⁾ 政府 都 在 努力 缩小 城乡 之间 的 差距，但是 两者
lìjiè zhèngfǔ dōu zài nǔlì suōxiǎo chéngxiāng zhījiān de chājù, dànshì liǎngzhě

之间 无论 是 在 教育、医疗 卫生、社会 福利、基础 设施⁶⁾，
zhījiān wúlùn shì zài jiàoyù, yīliáo wèishēng, shèhuì fúlì, jīchǔ shèshī,

还是 在 生活 质量 等 各个 方面 仍然⁷⁾ 存在着 难以⁸⁾ 消除⁹⁾
háishi zài shēnghuó zhìliàng děng gègè fāngmiàn réngrán cúnzàizhe nányǐ xiāochú

的 差距。"宁¹⁰⁾ 要 城里¹¹⁾ 一 张 床，不 要 乡下 一 间 房"
de chājù. "Nìng yào chénglǐ yì zhāng chuáng, bú yào xiāngxià yí jiàn fáng"

就是 一 个 真实 的 写照¹²⁾。
jiùshì yí ge zhēnshí de xiězhào.

　　要 想 逃离¹³⁾ 农村 生活 的 苦境，考 大学 就是 农村
Yào xiǎng táolí nóngcūn shēnghuó de kǔjìng, kǎo dàxué jiùshì nóngcūn

年轻人 的 一 个 最 重要 的 途径¹⁴⁾。但是 毕业 时，他们 又
niánqīngrén de yí ge zuì zhòngyào de tújìng. Dànshì bìyè shí, tāmen yòu

◀ 52

---

1) 城乡 chéngxiāng：都市と農村
2) 关于 guānyú：～に関して
3) 文件 wénjiàn：文書，公文書，通達
4) 户口 hùkǒu：戸籍
5) 历届 lìjiè：これまでの每期の、歴代の
6) 基础设施 jīchǔ shèshī：インフラ
7) 仍然 réngrán：依然として、相変わらず
8) 难以 nányǐ：～し難い、～しにくい

9) 消除 xiāochú：（心配・誤解・危険・わだかまりなどを）取り除く、消し去る
10) 宁（可）～（也）～（ポイント 1 参照）nìng(kě)~(yě)~：～よりもむしろ～するほうがよい
11) 城里 chénglǐ：都市
12) 写照 xiězhào：描写
13) 逃离 táolí：逃れる
14) 途径 tújìng：道筋、やり方

会 和 城市[15] 的 学生 同样 面临[16] 着 一 个 就业难 的 大问题。
huì hé chéngshì de xuésheng tóngyàng miànlínzhe yí ge jiùyènán de dàwèntí.

🔊50 近 1000 万 大学 毕业生 中，城市 户口 的 学生 多数人
Jìn yìqiān wàn dàxué bìyèshēng zhōng, chéngshì hùkǒu de xuésheng duōshùrén

向往 去 沿海 地区 和 大、中 城市 工作。他们 追求 的
xiàngwǎng qù yánhǎi dìqū hé dà、 zhōng chéngshì gōngzuò. Tāmen zhuīqiú de

首先[17] 是 经济 待遇 和 能 不 能 实现 自我。像 银行、证券、
shǒuxiān shì jīngjì dàiyù hé néng bu néng shíxiàn zìwǒ. Xiàng yínháng, zhèngquàn,

保险 等 行业[18]，收入 稳定[19]、福利 待遇 高，是 很 有 吸引力[20]
bǎoxiǎn děng hángyè, shōurù wěndìng, fúlì dàiyù gāo, shì hěn yǒu xīyǐnlì

的。而 被 大学生 普遍 认可 的 理想 的 工作 单位[21] 则 是
de. Ér bèi dàxuéshēng pǔbiàn rènkě de lǐxiǎng de gōngzuò dānwèi zé shì

国家 机关、事业 单位 和 大型 国有 企业 以及 外企 或 合资[22]
guójiā jīguān、 shìyè dānwèi hé dàxíng guóyǒu qǐyè yǐjí wàiqǐ huò hézī

公司。近 几 年，报考[23] 公务员 的 大学生 越来越[24] 多 了，
gōngsī. Jìn jǐ nián, bàokǎo gōngwùyuán de dàxuéshēng yuèláiyuè duō le,

因为 公务员 仍然 被 认为 是 一 个 打不破 的 铁饭碗。这
yīnwèi gōngwùyuán réngrán bèi rènwéi shì yí ge dǎbupò de tiěfànwǎn. Zhè

种 职业 不仅[25] 没 有 失业 危险，而且 工资 稳定、福利 也 好，
zhǒng zhíyè bùjǐn méi yǒu shīyè wēixiǎn, érqiě gōngzī wěndìng、 fúlì yě hǎo,

更 有 魅力 的 是 手里 还 有 权力。如此 看来，"学 而 优 则
gèng yǒu mèilì de shì shǒuli hái yǒu quánlì. Rúcǐ kànlai, "xué ér yōu zé

仕"[26] 的 传统 观念 今天 在 中国 一[27]点 都 没有 改变。遗憾
shì" de chuántǒng guānniàn jīntiān zài Zhōngguó yìdiǎn dōu méiyou gǎibiàn. Yíhàn

🔊53

15) 城市 chéngshì：都市
16) 面临 miànlín：直面する
17) 首先 shǒuxiān：初めに、まず
18) 行业 hángyè：業種
19) 稳定 wěndìng：安定している
20) 吸引力 xīyǐnlì：魅力
21) 单位 dānwèi：職場、勤め先
22) 合资 hézī：共同出資する、資本合弁

23) 报考 bàokǎo：受験を申し込む、試験に出願する
24) 越来越～（ポイント2参照）yuèláiyuè～：ますます～
になる
25) 不仅～而且～ bùjǐn~érqiě~：～だけでなく～
26) 学而优则仕 xué ér yōu zé shì：学んで余力があるな
らば役人になって仕える（『論語』）
27) 一（点）～都～（ポイント3参照）yì (diǎn) ~dōu~：
～一つも（少しも）～ない

的 是 想 做官²⁸⁾ 的 学生 却²⁹⁾ 很 少 有 "灭私 奉公" 的 精神。
de shì xiǎng zuòguān de xuésheng què hěn shǎo yǒu "mièsī fènggōng" de jīngshén.

◀51 比起 城市 学生 来, 来自³⁰⁾ 农村 或 小城镇³¹⁾ 的 学生
Bǐqǐ chéngshì xuésheng lái, láizì nóngcūn huò xiǎochéngzhèn de xuésheng

更加 现实 一些。 他们 考虑 的 首先 是 怎样 能 改变 身份 和
gèngjiā xiànshí yìxiē. Tāmen kǎolǜ de shǒuxiān shì zěnyàng néng gǎibiàn shēnfèn hé

地位。 而且 他们 期望 的 月薪³²⁾ 也 不 高, 只要 能 挣 两、
dìwèi. Érqiě tāmen qīwàng de yuèxīn yě bù gāo, zhǐyào néng zhèng liǎng、

三千 元 就 心满 意足³³⁾ 了。 特别 是 农村 户口 的 学生, 求职
sānqiān yuán jiù xīnmǎn yìzú le. Tèbié shì nóngcūn hùkǒu de xuésheng, qiúzhí

时 他们 不 给 自己 设置 任何 条条 框框³⁴⁾。 他们 心里 只
shí tāmen bù gěi zìjǐ shèzhì rènhé tiáotiáo kuàngkuàng. Tāmen xīnlǐ zhǐ

想着 先³⁵⁾ 争取 实现 养家 糊口³⁶⁾, 然后 再 寻求³⁷⁾ 日后³⁸⁾ 发展
xiǎngzhe xiān zhēngqǔ shíxiàn yǎngjiā húkǒu, ránhòu zài xúnqiú rìhòu fāzhǎn

的 机会。
de jīhuì.

农村 学生 没 有 家庭 背景 作 后盾³⁹⁾, 没 有 城里人 的
Nóngcūn xuésheng méi yǒu jiātíng bèijǐng zuò hòudùn, méi yǒu chénglǐrén de

人际 关系⁴⁰⁾ 的 支持, 但是 他们 能 吃苦 耐劳⁴¹⁾, 能 真正
rénjì guānxi de zhīchí, dànshì tāmen néng chīkǔ nàiláo, néng zhēnzhèng

做到 "君子 以 自强 不息⁴²⁾", 因为 他们 知道 只有⁴³⁾ 比 城里人
zuòdào "jūnzǐ yǐ zìqiáng bùxī", yīnwèi tāmen zhīdao zhǐyǒu bǐ chénglǐrén

多 努力 才 能 改变 自己 的 命运。
duō nǔlì cái néng gǎibiàn zìjǐ de mìngyùn.

◀54

28) 做官 zuòguān：役人になる
29) 却 què：(一般的な道理に反することを示し) 反対に、むしろ、かえって
30) 来自 láizì：〜から来る
31) 城镇 chéngzhèn：都市と町
32) 月薪 yuèxīn：月給
33) 心满意足 xīnmǎn yìzú：すっかり満足する
34) 条条框框 tiáotiáo kuàngkuàng：様々な規則や制約
35) 先〜然后 (再) 〜 (ポイント4参照) xiān~ránhòu (zài)~：先に〜それからまた〜

36) 养家糊口 yǎngjiā húkǒu：一家の生活を支える
37) 寻求 xúnqiú：探し求める
38) 日后 rìhòu：今後、将来
39) 后盾 hòudùn：後ろ盾
40) 人际关系 rénjì guānxi：人間関係
41) 吃苦耐劳 chīkǔ nàiláo：苦しみやつらさに耐える
42) 君子以自强不息 jūnzǐ yǐ zìqiáng bùxī：君子は自らつとめ励んで忘らない (『周易』)
43) 只有〜才〜 (ポイント5参照) zhǐyǒu~cái~：〜して初めて〜

1 宁（可）〜（也）〜　たとえ〜しても〜する、〜するくらいなら〜する方がましだ

① 宁可少睡觉，也得把今天的作业作完。

Nìngkě shǎo shuìjiào, yě děi bǎ jīntiān de zuòyè zuòwán.

② 她宁可自己辛苦一点儿，也不想让孩子吃苦头。

Tā nìngkě zìjǐ xīnkǔ yìdiǎnr, yě bù xiǎng ràng háizi chī kǔtóu.

2 越来越〜 / 越〜越〜　ますます〜 / 〜であればあるほど（ますます）〜だ

① 现在，生意越来越难做了。　　Xiànzài, shēngyi yuèláiyuè nánzuò le.

② 她越解释，我越不明白。　　Tā yuè jiěshì, wǒ yuè bù míngbai.

3 一（点など）〜都 / 也〜　〜一つも（少しも）〜ない

① 夜里街上虽然没有人，但是一点儿都不可怕。

Yèli jiēshang suīrán méi yǒu rén, dànshì yìdiǎnr dōu bù kěpà.

② 钱包里一分钱也没有。　　Qiánbāoli yì fēn qián yě méi yǒu.

4 先〜然后（再）〜　まず〜それから〜

① 她起床后，总是先打开窗户，然后再洗脸。

Tā qǐchuáng hòu, zǒngshì xiān dǎkāi chuānghu, ránhòu zài xǐliǎn.

② 这件事，先考虑考虑再做决定吧。Zhè jiàn shì, xiān kǎolǜ kǎolǜ zài zuò juédìng ba.

5 只有〜才〜　〜してこそ（そこではじめて）〜

① 只有你去请她，她才肯来。　　Zhǐyǒu nǐ qù qǐng tā, tā cái kěn lái.

② 你只有说实话，她才可能原谅你。Nǐ zhǐyǒu shuō shíhuà, tā cái kěnéng yuánliàng nǐ.

練習問題

Ⅰ．ピンインを漢字に直して、重要単語を覚えましょう。

1）jiàoyù　　　　　　　2）chéngshì　　　　　　3）shōurù

_____　　　_____　　　_____

4）gōngzī　　　　　　　5）nǔlì　　　　　　　　6）gǎibiàn

_____　　　_____　　　_____

Ⅱ．（　　）の語句を並べ替えましょう。

1）混雑するバスに乗るくらいなら、むしろ歩いていきます。
（走着　　宁可　　挤　　公交车　　愿　　也　　不　　去　　去）

_____

2）彼女は話せば話すほどつらくなり、最後はこらえきれずに泣き出しました。
（最后　　她　　越　　忍不住　　说　　越　　难过　　起来了　　哭）

_____

3）お金はたくさんありますが、少しも教養がありません。
（没有　　虽然　　一点　　很　　但是　　教养　　也　　有钱）

_____

4）あなたが先に彼と話をして。私は後で彼に電話をします。
（先　　你　　跟　　我　　他　　给　　说　　打　　一下　　再　　他　　电话）

_____

5）早起きしてはじめて始発列車に間に合う。
（只有　　赶得上　　早　　才　　起床　　始发车）

_____

Ⅲ．本文に関する問いを書き取り、中国語で答えましょう。　◀56

1）問：_____

　　答：_____

2）問：_____

　　答：_____

3）問：_____

　　答：_____

4）問：_____

　　答：_____

5）問：_____

　　答：_____

Ⅳ．中国語に訳しましょう。

1）むしろ1年遅れで卒業しても、良い仕事を見つけなければなりません。

2）だんだん寒くなってきたので、セーターを着るべきです。

3）そのドラマを私は一回も見たことがありません（电视剧）。

4）帰宅後、私はいつも先に入浴して、それから夕食を食べます。

5）今晩残業してはじめて、計画書を書き終えることができます。

7 | 互联网¹⁾与公正社会
Hùliánwǎng yǔ gōngzhèng shèhuì

◀ 58 唐代 大诗人 杜甫²⁾ 的 名诗 中 有 一 句 "家书 抵 万金³⁾"
Tángdài dàshīrén Dù Fǔ de míngshī zhōng yǒu yí jù "jiāshū dǐ wànjīn"

的 绝妙 的 形容⁴⁾，我们 由 此 可见⁵⁾ 当时 与 家人 取得⁶⁾ 联系⁷⁾
de juémiào de xíngróng, wǒmen yóu cǐ kějiàn dāngshí yǔ jiārén qǔdé liánxì

真 是 困难 极了⁸⁾。
zhēn shì kùnnan jíle.

今天 在 中国，老百姓 之间 最 常用 的 联系 方法 可以
Jīntiān zài Zhōngguó, lǎobǎixìng zhījiān zuì chángyòng de liánxì fāngfǎ kěyǐ

说 是 微信 等 不 需要 特别 花费⁹⁾ 的 手机 网络¹⁰⁾ 通讯
shuō shì Wēixìn děng bù xūyào tèbié huāfèi de shǒujī wǎngluò tōngxùn

手段。中国 手机 网民¹¹⁾ 已经 有 10 多 亿 人，超过了 中国
shǒuduàn. Zhōngguó shǒujī wǎngmín yǐjīng yǒu shí duō yì rén, chāoguòle Zhōngguó

人口 的 70%，而且 每年 都 在 不断 地 增加。现在，连¹²⁾
rénkǒu de bǎifēnzhī qīshí, érqiě měi nián dōu zài búduàn de zēngjiā. Xiànzài, lián

那些 没 有 固定 电话 的 山村 和 边远¹³⁾ 地区 也 都 能 使用
nàxiē méi yǒu gùdìng diànhuà de shāncūn hé biānyuǎn dìqū yě dōu néng shǐyòng

手机 和 互联网 了。
shǒujī hé hùliánwǎng le.

◀ 61

---

1) 互联网 hùliánwǎng：インターネット
2) 杜甫 Dù Fǔ：杜甫（712年-770年）
3) 家书抵万金 jiāshū dǐ wànjīn：家からの手紙は万金に値する
4) 形容 xíngróng：形容（する）、たとえて言い表す
5) 由此可见 yóu cǐ kějiàn：これによって分かる
6) 取得 qǔdé：獲得する

7) 联系 liánxì：連絡（する）
8) ～极了（ポイント1参照）~jíle：非常に～である
9) 花费 huāfèi：費やす、使う
10) 网络 wǎngluò：ネットワーク、インターネット
11) 网民 wǎngmín：インターネットユーザー
12) 连～也～（ポイント2参照）lián~yě~：～さえ～
13) 边远 biānyuǎn：辺境の

59 互联网 既[14] 方便了 人们 的 生活，也 增加了 网友[15] 之间
　　Hùliánwǎng jì　fāngbiànle rénmen de shēnghuó, yě zēngjiāle wǎngyǒu zhījiān

的 交流 机会，而且 它 还 给 网民 提供了 无限 的 创业、
de jiāoliú jīhuì,　érqiě tā hái gěi wǎngmín tígōngle wúxiàn de chuàngyè,

创作、 遐想[16] 和 休闲[17] 等等 的 空间。
chuàngzuò、 xiáxiǎng　hé xiūxián děngděng de kōngjiān.

　　网上 购物[18]、网上 交友[19]、互相 点赞[20]、赠送[21] 红包[22]、
　　Wǎngshang gòuwù、 wǎngshang jiāoyǒu、 hùxiāng diǎnzàn、 zèngsòng hóngbāo、

发表 作品 和 个人 意见，或者 用 手机 网络 功能 支付[23] 各
fābiǎo zuòpǐn hé gèrén yìjian,　huòzhě yòng shǒujī wǎngluò gōngnéng zhīfù gè

种 消费 都 已经 是 家常 便饭[24] 了。而 网红[25] 的 作用 更是
zhǒng xiāofèi dōu yǐjīng shì jiācháng biànfàn le.　Ér wǎnghóng de zuòyòng gèngshì

不 敢 忽视[26]。一 篇 好 文章，一 个 尖锐[27] 的 评论，就 能
bù gǎn hūshì.　Yì piān hǎo wénzhāng, yí ge jiānruì de pínglùn, jiù néng

使[28] 上 百万 粉丝[29] 跟着 互动，甚至 有时 会 左右 社会 舆论
shǐ shàng bǎiwàn fěnsī gēnzhe hùdòng, shènzhì yǒushí huì zuǒyòu shèhuì yúlùn

的 导向[30]。
de dǎoxiàng.

60 互联网 在 中国 还 起到[31]了 一 个 特殊 的 作用：它
　　Hùliánwǎng zài Zhōngguó hái qǐdàole yí ge tèshū de zuòyòng: tā

62

---

14) 既～也～（ポイント3参照）jì~yě~：～でもあり～で　　23) 支付 zhīfù：支払う
　　もある　　　　　　　　　　　　　　　　　　　　　　24) 家常便饭 jiācháng biànfàn：日常茶飯事
15) 网友 wǎngyǒu：ネット友達　　　　　　　　　　　　25) 网红 wǎnghóng：ネットスター、ネット上の有名人
16) 遐想 xiáxiǎng：思いをかき立てる　　　　　　　　　26) 忽视 hūshì：軽視する、おろそかにする
17) 休闲 xiūxián：レジャーを楽しむ、のんびり過ごす　27) 尖锐 jiānruì：鋭い、厳しい
18) 购物 gòuwù：ショッピング（する）　　　　　　　　28) 使 shǐ：～させる
19) 交友 jiāoyǒu：友人と付き合う　　　　　　　　　　29) 粉丝 fěnsī：ファン
20) 点赞 diǎnzàn：ネットなどで「いいね」を付ける　30) 导向 dǎoxiàng：導き、動き
21) 赠送 zèngsòng：贈呈する　　　　　　　　　　　　31) 起到～作用 qǐdào~zuòyòng：～の効果を果たす
22) 红包 hóngbāo：祝い金や奨励金などの入った赤い封
　　筒、祝儀

竟³²⁾ 变成了 反对 腐败 的 一 个 重要 的 武器。现在 往往
jìng biànchéngle fǎnduì fǔbài de yí ge zhòngyào de wǔqì. Xiànzài wǎngwǎng

因为 一 个 情人³³⁾ 不满 的 揭发³⁴⁾、因为 一 段 不 光彩³⁵⁾ 的
yīnwèi yí ge qíngrén bùmǎn de jiēfā、 yīnwèi yí duàn bù guāngcǎi de

录像³⁶⁾ 在 网络上 的 曝光³⁷⁾，一 个 个 的 贪官³⁸⁾ 露出了 马脚³⁹⁾。
lùxiàng zài wǎngluòshang de bàoguāng, yí gè gè de tānguān lòuchūle mǎjiǎo.

这些 官员们 当初 怎么 能⁴⁰⁾ 想到 他们 的 隐情⁴¹⁾、丑闻 会
Zhèxiē guānyuánmen dāngchū zěnme néng xiǎngdào tāmen de yǐnqíng、 chǒuwén huì

有 一 天 以 这 种 形式 被 公开、被 传播⁴²⁾？ 而 媒体⁴³⁾ 对
yǒu yì tiān yǐ zhè zhǒng xíngshì bèi gōngkāi、 bèi chuánbō? Ér méitǐ duì

各 种 事件 及时⁴⁴⁾ 的 追踪⁴⁵⁾、跟进⁴⁶⁾ 更 使得⁴⁷⁾ 社会 公开化
gè zhǒng shìjiàn jíshí de zhuīzōng、 gēnjìn gèng shǐde shèhuì gōngkāihuà

了。纸 是 包⁴⁸⁾不住 火 的，即便 是 有人 想 隐瞒⁴⁹⁾，真相 也
le. Zhǐ shì bāobuzhù huǒ de, jíbiàn shì yǒu rén xiǎng yǐnmán, zhēnxiàng yě

是 永远 隐瞒不下去⁵⁰⁾ 的，因为 事实 终归⁵¹⁾ 是 事实。
shì yǒngyuǎn yǐnmánbuxiàqu de, yīnwèi shìshí zhōngguī shì shìshí.

可以 说，互联网 今天 推动⁵²⁾着 中国 社会 在 向 公正
Kěyǐ shuō, hùliánwǎng jīntiān tuīdòngzhe Zhōngguó shèhuì zài xiàng gōngzhèng

的 方向 发展。
de fāngxiàng fāzhǎn.

🔊 63

32) 竟 jìng：意外にも
33) 情人 qíngrén：愛人
34) 揭发 jiēfā：悪事を暴く
35) 光彩 guāngcǎi：誇らしい、面目のある
36) 录像 lùxiàng：録画、録画する
37) 曝光 bàoguāng：露出する、暴露する
38) 贪官 tānguān：腐敗した役人、汚職官吏
39) 露马脚 lòu mǎjiǎo：ぼろを出す、馬脚を現す
40) 怎么（能）~？（ポイント4参照）zěnme (néng) ~？：
　　どうして（~することができようか）
41) 隐情 yǐnqíng：秘密
42) 传播 chuánbō：広まる、広く伝わる

43) 媒体 méitǐ：メディア
44) 及时 jíshí：時を移さず、すぐさま
45) 追踪 zhuīzōng：追跡する
46) 跟进 gēnjìn：後に続く、フォローアップする
47) 使得 shǐde：~させる
48) 包 bāo：包む
49) 隐瞒 yǐnmán：隠してごまかす
50) ~下去（ポイント5参照）~xiàqu：動詞の後に置き、
　　その動作が継続していくことを表す
51) 终归 zhōngguī：結局のところ
52) 推动 tuīdòng：推し進める、促進する

1 程度補語2　形容詞＋极了／坏了／死了 など　すごく（ひどく）～だ

① 那个姑娘长得漂亮极了。　　　　　Nàge gūniang zhǎngde piàoliang jíle.

② 累坏了吧，快坐下休息休息。　　　Lèi huàile ba, kuài zuòxià xiūxi xiūxi.

2 连～也／都～　　～さえも～だ

① 最近实在太忙了，连星期天也得加班。
Zuìjìn shízài tài máng le, lián xīngqītiān yě děi jiābān.

② 说实话，连我也不知道应该怎么办。
Shuō shíhuà, lián wǒ yě bù zhīdao yīnggāi zěnme bàn.

3 既～也～　　～であり～でもある

① 那位歌星既会唱歌，也会跳舞，很受大家欢迎。
Nà wèi gēxīng jì huì chàng gē, yě huì tiàowǔ, hěn shòu dàjiā huānyíng.

② 这孩子既不学习，也不和朋友交流，只是一个人在家里玩儿电子游戏。
Zhè háizi jì bù xuéxí, yě bù hé péngyou jiāoliú, zhǐshì yí ge rén zài jiāli wánr diànzǐ yóuxì.

4 反語文1　怎么（能）～?　　どうして～できようか

① 他怎么能说这种话？太失礼了。Tā zěnme néng shuō zhè zhǒng huà? Tài shīlǐ le.

② 学生怎么能不学习呢？　　　　　Xuésheng zěnme néng bù xuéxí ne?

5 ～下去　　方向補語の抽象的な派生義（継続、P17 5 参照）

① 说下去，我们都听着呢。　　　　Shuōxiàqu, wǒmen dōu tīngzhe ne.

② 今年要是一直这样冷下去，怎么办？
Jīnnián yàoshi yìzhí zhèyàng lěngxiàqu, zěnme bàn?

Ⅰ．ピンインを漢字に直して、重要単語を覚えましょう。

1) kùnnan

2) xūyào

3) hùliánwǎng

_____

_____

_____

4) jiāoliú

5) fǎnduì

6) zhòngyào

_____

_____

_____

Ⅱ．（　）の語句を並べ替えましょう。

1) 丸一日食事をしなかったので、お腹が空いて死にそうです。
（死　一　天　吃　整整　饭　了　饿　没）

_____

2) 彼は家で全く家事をせず、自分の服でさえ洗濯しません。
（他　自己　一点　在　家务　都　不做　连　的　衣服　也　家里　不洗）

_____

3) 彼はタバコやお酒をたしなまず、よけいな買い物もしません。
（而且　喝酒　既　他　抽烟　买　不　也　不　不乱　东西）

_____

4) 今から家を出て、どうやって電車に間に合うというの？
（现在　赶得上　离开　怎么　可能　电车　家）

_____

5) 彼ら二人はずっと仲良くやっていけると思います。
（下去　一直　他们俩　我　估计　会　好　的）

_____

Ⅲ．本文に関する問いを書き取り、中国語で答えましょう。　◀ 65

1）問：_____

　　答：_____

2）問：_____

　　答：_____

3）問：_____

　　答：_____

4）問：_____

　　答：_____

5）問：_____

　　答：_____

Ⅳ．中国語に訳しましょう。

1）本当に良かったです！彼らが知ったらきっと大喜びします。

2）このような事は小学生でさえ知っています。

3）あそこの料理はまずくて安くもないので、あまり行く人がいない。

4）大学に入らなくて、どうしてよい仕事を見つけることができようか。

5）この問題を議論し続けても、結論が出ることはありません。

8 年轻人崇拜的偶像[1]
Niánqīngrén chóngbài de ǒuxiàng

◀ 67 如果　让　中国　的　年轻人　举出　几　位　从　古　至　今　的
Rúguǒ　ràng　Zhōngguó de　niánqīngrén　jǔchū　jǐ　wèi　cóng　gǔ　zhì　jīn　de

历史　重要　人物，他们　的　答案　会　是　怎样　的　呢？孔子、秦
lìshǐ　zhòngyào rénwù,　tāmen　de　dá'àn　huì　shì　zěnyàng de　ne?　Kǒngzǐ、Qín

始皇、孙　文、毛　泽东，甚至　邓　小平　等　人　都　是　可以
shǐhuáng、Sūn Wén、Máo Zédōng,　shènzhì Dèng Xiǎopíng děng rén　dōu　shì　kěyǐ

预料[2]到　的。但是，近年　来　却　有　越来越　多　的　人　会　提到
yùliàodào de.　Dànshì,　jìnnián lái que　yǒu　yuèláiyuè duō　de　rén huì　tídào

马　云，这　实在[3]有些　令人[4]感到　意外。然而[5]，细细　想来，
Mǎ Yún,　zhè shízài　yǒuxiē lìng rén　gǎndào yìwài.　Rán'ér,　xìxì xiǎnglái,

他们　的　回答　也　合情　合理[6]：与其[7]在　教科书里　寻找[8]一　位
tāmen de　huídá yě　héqíng hélǐ:　yǔqí　zài　jiàokēshūli xúnzhǎo yí wèi

伟人，不如　选择　自己　心里　崇拜　的　偶像，因为　伟人　看不见
wěirén,　bùrú xuǎnzé zìjǐ　xīnli chóngbài de ǒuxiàng,　yīnwèi wěirén kànbujiàn

摸[9]不到，而　偶像　却　能　在　生活　中　感受[10]到　他　的　实际
mōbudào,　ér ǒuxiàng que　néng zài shēnghuó zhōng gǎnshòudào tā de shíjì

存在　和　影响。
cúnzài hé yǐngxiǎng.

◀ 68 马　云　是　阿里巴巴[11]的　创始人，他　在　美国　的　上市[12]
Mǎ Yún shì　Ālǐbābā　de chuàngshǐrén,　tā zài Měiguó de shàngshì

---

1) 偶像 ǒuxiàng：偶像、アイドル
2) 预料 yùliào：予測、予想する
3) 实在 shízài：実に
4) 令人〜 lìng rén〜：人を〜させる
5) 然而 rán'ér：ところが、しかし
6) 合情合理 héqíng hélǐ：人情や道理にかなっている
7) 与其〜不如〜（ポイント1参照）yǔqí〜bùrú〜：〜とい

うよりはむしろ〜
8) 寻找 xúnzhǎo：捜す、探す
9) 摸 mō：触る
10) 感受 gǎnshòu：感じる
11) 阿里巴巴 Ālǐbābā：アリババ（会社名）
12) 上市 shàngshì：上場する

公司 市值¹³⁾ 已 达到了 三千 多 亿 美元。而 他 自己 也 拥有¹⁴⁾
gōngsī shìzhí yǐ dádàole sānqiān duō yì Měiyuán. Ér tā zìjǐ yě yōngyǒu

几 百 亿 美元 的 个人 资产，成为 中国 巨富¹⁵⁾。
jǐ bǎi yì Měiyuán de gèrén zīchǎn, chéngwéi Zhōngguó jùfù.

其实¹⁶⁾ 马 云 也 并非¹⁷⁾ 一帆 风顺。实际上，第 一 次 考
Qíshí Mǎ Yún yě bìngfēi yìfān fēngshùn. Shíjìshang, dì yī cì kǎo

大学，他 就 栽了 一 个 大跟头¹⁸⁾：数学 只 得了 一 分！ 这个
dàxué, tā jiù zāile yí ge dàgēntou: shùxué zhǐ déle yì fēn! Zhège

成绩，哪¹⁹⁾ 能 进得去 大学？ 可是 大学 又 非 上 不可²⁰⁾，于是²¹⁾
chéngjì, nǎ néng jìndequ dàxué? Kěshì dàxué yòu fēi shàng bùkě, yúshì

马 云 连²²⁾ 考了 三 年，最后 才 勉强²³⁾ 地 考上了 一 个 没
Mǎ Yún lián kǎole sān nián, zuìhòu cái miǎnqiǎng de kǎoshàngle yí ge méi

有 名气²⁴⁾ 的 师范 学院。
yǒu míngqi de shīfàn xuéyuàn.

🔊69 任何²⁵⁾ 创业，初期 都 是 很 辛苦²⁶⁾ 的。1999 年，马 云
Rènhé chuàngyè, chūqī dōu shì hěn xīnkǔ de. Yījiǔjiǔjiǔ nián, Mǎ Yún

在 自己 家里 创办²⁷⁾ 阿里巴巴 的 时候，他 和 同事²⁸⁾们 不 分
zài zìjǐ jiāli chuàngbàn Ālǐbābā de shíhou, tā hé tóngshìmen bù fēn

昼夜²⁹⁾ 地 工作。据说³⁰⁾，他 家里 地上 一直 放着³¹⁾ 一 个 睡袋³²⁾，
zhòuyè de gōngzuò. Jùshuō, tā jiāli dìshang yìzhí fàngzhe yí ge shuìdài,

谁³³⁾ 累 了 谁 就 钻³⁴⁾进去 睡 一会儿。即使 是 在 如此³⁵⁾ 艰难³⁶⁾
shéi lèi le shéi jiù zuānjìnqu shuì yíhuìr. Jíshǐ shì zài rúcǐ jiānnán

🔊71

---

13) 市值 shìzhí：時価総額

14) 拥有 yōngyǒu：持つ、所有する

15) 巨富 jùfù：大富豪

16) 其实 qíshí：実は

17) 并非 bìngfēi：決して～ではない

18) 栽跟头 zāi gēntou：つまずく、失敗する

19) 哪～？（ポイント2参照）nǎ～?：～であるはずがない

20) 非～不可 fēi～bùkě：どうしても～しなければならない

21) 于是 yúshì：そこで

22) 连 lián：何度も、連続して

23) 勉强 miǎnqiǎng：どうにかして、やっとのことで

24) 名气 míngqi：評判、知名度

25) 任何 rènhé：いかなる

26) 辛苦 xīnkǔ：苦労する

27) 创办 chuàngbàn：創設する

28) 同事 tóngshì：同僚

29) 不分昼夜 bù fēn zhòuyè：昼夜を分かたず、昼夜関係なく

30) 据说 jùshuō：聞くところによると

31) ～放着（ポイント3参照）~fàngzhe：～に置いてある

32) 睡袋 shuìdài：寝袋

33) 谁～谁～（ポイント4参照）shéi~shéi~：（～する人なら）誰でも～

34) 钻 zuān：入る

35) 如此 rúcǐ：このように

36) 艰难 jiānnán：困難である

的　情况³⁷⁾下，马　云　也　还是　树立了　明确　的　目标：利用
de　qíngkuàngxià,　Mǎ　Yún　yě　háishi　shùlìle　míngquè　de　mùbiāo:　lìyòng

因特网　办　一　个　为　中小　企业　服务、让　世界　尊重　的
yīntèwǎng　bàn　yí　ge　wèi　zhōngxiǎo　qǐyè　fúwù,　ràng　shìjiè　zūnzhòng　de

中国　公司。阿里巴巴　的　淘宝网³⁸⁾，支付宝³⁹⁾　都　成功　了，
Zhōngguó　gōngsī.　Ālǐbābā　de　Táobǎowǎng,　Zhīfùbǎo　dōu　chénggōng　le,

公司　的　名气　在　世界上　也　越来越　大。不过，马　云　没有
gōngsī　de　míngqi　zài　shìjièshang　yě　yuèláiyuè　dà.　Búguò,　Mǎ　Yún　méiyou

满足。他　为　自己，为　公司　又　定⁴⁰⁾下了　新　的　目标：给　全
mǎnzú.　Tā　wèi　zìjǐ,　wèi　gōngsī　yòu　dìngxiàle　xīn　de　mùbiāo:　gěi　quán

世界　的　年轻人、中小　企业　提供　平台⁴¹⁾，让　他们　实现
shìjiè　de　niánqīngrén,　zhōngxiǎo　qǐyè　tígōng　píngtái,　ràng　tāmen　shíxiàn

全球⁴²⁾性　的　购物、支付、运输　和　邮递⁴³⁾。让　更　多　的　发展中
quánqiúxìng　de　gòuwù,　zhīfù,　yùnshū　hé　yóudì.　Ràng　gèng　duō　de　fāzhǎnzhōng

国家　的　平民　百姓　能够　分享⁴⁴⁾　自由　贸易　和　全球化　带来　的
guójiā　de　píngmín　bǎixìng　nénggòu　fēnxiǎng　zìyóu　màoyì　hé　quánqiúhuà　dàilai　de

快乐，享受　技术　进步　带来　的　好处⁴⁵⁾。
kuàilè,　xiǎngshòu　jìshù　jìnbù　dàilai　de　hǎochù.

　　在　马　云　看来，既然⁴⁶⁾　办　企业　就　要　有　理想。人　没　有
　　Zài　Mǎ　Yún　kànlái,　jìrán　bàn　qǐyè　jiù　yào　yǒu　lǐxiǎng.　Rén　méi　yǒu

理想，生活　会　无聊⁴⁷⁾、无趣⁴⁸⁾；企业　没　有　理想，就　会　变成
lǐxiǎng,　shēnghuó　huì　wúliáo,　wúqù;　qǐyè　méi　yǒu　lǐxiǎng,　jiù　huì　biànchéng

一　个　只　知道　赚钱⁴⁹⁾　的　机器。而　赚钱　不　是　他　的　最终　目的。
yí　ge　zhǐ　zhīdao　zhuànqián　de　jīqì.　Ér　zhuànqián　bú　shì　tā　de　zuìzhōng　mùdì.

🔊 72

37) 情况 qíngkuàng：状況
38) 淘宝网 Táobǎowǎng：淘宝網（ネット通販のサイト名）
39) 支付宝 Zhīfùbǎo：アリペイ
40) 定 dìng：決める、定める
41) 平台 píngtái：プラットフォーム
42) 全球 quánqiú：全世界
43) 邮递 yóudì：郵送する、配達する
44) 分享 fēnxiǎng：（喜び・権利などを）共に分け合う、分かち合う
45) 好处 hǎochù：利点、恩恵
46) 既然~就~（ポイント5参照）jìrán~jiù~：～である以上～
47) 无聊 wúliáo：退屈である、つまらない
48) 无趣 wúqù：つまらない
49) 赚钱 zhuànqián：お金を儲ける、稼ぐ

1 与其〜（还 / 倒 / 真）不如〜　〜するよりはむしろ〜した方がよい

① 与其开车，还不如坐高铁去。　Yǔqí kāi chē, hái bùrú zuò gāotiě qù.

② 与其我去，不如让他去更合适。Yǔqí wǒ qù, bùrú ràng tā qù gèng héshì.

2 反語文2　哪（能）〜?　どうして〜できようか

① 常在河边走，哪能不湿鞋?　Cháng zài hébiān zǒu, nǎ néng bù shī xié?

② 他每天忙得要命，哪还有时间关心你?

Tā měi tiān máng de yàomìng, nǎ hái yǒu shíjiān guānxīn nǐ?

3 存現文　場所・時間＋動詞＋人・物　ある場所・時間に（から）、ある人・物が「存在したり、出現したり、消失したり」することを表す

① 门口放着两个行李箱。　Ménkǒu fàngzhe liǎng ge xínglixiāng.

② 前边开过来一辆奔驰电动汽车。Qiánbian kāiguòlai yí liàng Bēnchí diàndòng qìchē.

4 特殊複文2　谁〜谁〜　（複文の前後で同じ疑問詞を呼応させる）（〜する人なら）誰でも〜

① 谁想去，谁去吧。我有事去不了。

Shéi xiǎng qù, shéi qù ba. Wǒ yǒu shì qùbuliǎo.

② 谁想创业，市政府就赞助谁一万元钱。

Shéi xiǎng chuàngyè, shì zhèngfǔ jiù zànzhù shéi yíwàn yuán qián.

5 既然〜就〜　〜するからには、〜である以上

① 既然你们都不同意，这件事就算了吧。

Jìrán nǐmen dōu bù tóngyì, zhè jiàn shì jiù suàn le ba.

② 既然他已经承认错误了，你就原谅他吧。

Jìrán tā yǐjīng chéngrèn cuòwù le, nǐ jiù yuánliàng tā ba.

Ⅰ. ピンインを漢字に直して、重要単語を覚えましょう。

1) xīnkǔ

2) qíngkuàng

3) yìzhí

_____

_____

_____

4) qǐyè

5) mǎimai

6) kuàilè

_____

_____

_____

Ⅱ. （　　）の語句を並べ替えましょう。

1) こんな人と一緒に暮らすぐらいなら、一生結婚しないほうがましです。

（和　　与其　　不　　生活　　一辈子　　这样的人　　一起　　不如　　结婚）

_____

2) ここに来て、あなたにお金を使わせてご馳走になるなんてできる訳がありません。

（请客　　让　　来到　　哪　　你　　这儿　　花钱　　能）

_____

3) 上海空港の近くに最近日本料理店が1軒オープンした。

（附近　　了　　一家　　开　　日本料理　　餐厅　　上海　　机场　　最近）

_____

4) このプレゼントは、あなたがあげたいと思う人にあげてください。

（礼物　　送给　　这　　谁　　件　　你　　想　　吧　　就　　谁　　送给）

_____

5) あなたは通訳をしたことがあるので、この仕事を任せます。

（翻译　　交给　　你　　当过　　这个　　就　　工作　　你　　了　　既然）

_____

Ⅲ．本文に関する問いを書き取り、中国語で答えましょう。　◀ 74

1）問：＿＿＿＿＿＿＿＿＿＿＿＿＿＿＿＿＿＿＿＿＿＿＿＿＿＿＿＿＿＿＿＿

　　答：＿＿＿＿＿＿＿＿＿＿＿＿＿＿＿＿＿＿＿＿＿＿＿＿＿＿＿＿＿＿＿＿

2）問：＿＿＿＿＿＿＿＿＿＿＿＿＿＿＿＿＿＿＿＿＿＿＿＿＿＿＿＿＿＿＿＿

　　答：＿＿＿＿＿＿＿＿＿＿＿＿＿＿＿＿＿＿＿＿＿＿＿＿＿＿＿＿＿＿＿＿

3）問：＿＿＿＿＿＿＿＿＿＿＿＿＿＿＿＿＿＿＿＿＿＿＿＿＿＿＿＿＿＿＿＿

　　答：＿＿＿＿＿＿＿＿＿＿＿＿＿＿＿＿＿＿＿＿＿＿＿＿＿＿＿＿＿＿＿＿

4）問：＿＿＿＿＿＿＿＿＿＿＿＿＿＿＿＿＿＿＿＿＿＿＿＿＿＿＿＿＿＿＿＿

　　答：＿＿＿＿＿＿＿＿＿＿＿＿＿＿＿＿＿＿＿＿＿＿＿＿＿＿＿＿＿＿＿＿

5）問：＿＿＿＿＿＿＿＿＿＿＿＿＿＿＿＿＿＿＿＿＿＿＿＿＿＿＿＿＿＿＿＿

　　答：＿＿＿＿＿＿＿＿＿＿＿＿＿＿＿＿＿＿＿＿＿＿＿＿＿＿＿＿＿＿＿＿

Ⅳ．中国語に訳しましょう。

1）ここで 30 分バスを待つよりは、むしろ歩いて行ったほうがましです。

2）私は彼に 2 度騙されたのに、どうして彼を信じることができますか。

3）私達のクラスにまた新しい同級生が 1 人やって来た。

4）待たなくてもいいですよ。お腹がすいた人から先に食べてください。

5）みんながあなたに参加してほしいと思っているのだから、行ってくださいよ。

単語索引

※数字は課数を表す

A

Ālǐbābā	阿里巴巴	アリババ（会社名）	8
ānfèn	安分	おとなしくしている、分をわきまえている	5
àn~páiliè	按~排列	～の順に並べる	3

B

bǎ~zuòwéi~	把~作为~	～を～にする、～を～とみなす	3
(lǎo) bǎixìng	（老）百姓	庶民	2
bāo	包	包む	7
bāobàn	包办	一手に引き受ける、請け負う、独断で処理する	4
bāobàn dàitì	包办代替	本人に代わってすべて取り決める	4
bāoyǎng	包养	愛人を囲う	5
bǎoguì	宝贵	貴重な	5
bàofù	暴富	成金になる（急に金持ちになること）	5
bàoguāng	曝光	露出する、暴露する	7
bàokǎo	报考	受験を申し込む、試験に出願する	6
bèi	被	～に～される、～によって～される	4
bèi (fen)	辈（分）	世代	3
bǐrú	比如	例えば	3
biānyuǎn	边远	辺境の	7
biànxiàng	变相	手口を変えた、形を変えた	4
biǎoshì	表示	表す	3
bìng	并（+否定形）	決して（～ない）	3
bìngfēi	并非	決して～ではない	8
bìng (qiě)	并（且）	その上、しかも	2
bōdòng	拨动	弾く、動かす	1
bùcéng	不曾	かつて～したことがない	1
búdàn~érqiě~	不但~而且~	～だけでなく、（その上）～	1
búduàn	不断	絶えず	2
bù fēn zhòuyè	不分昼夜	昼夜を分かたず、昼夜関係なく	8
bùguǎn~dōu~	不管~都~	～にかかわらずすべて～	2
bùjǐn~érqiě~	不仅~而且~	～だけでなく～	6
bù~le	不~了	～しなくなった	5
~buliǎo	~不了	～できない、～しきれない	4
bùrán	不然	そうではない	5
bú shì~ér shì~	不是~而是~	～ではなく～だ	1
buzhù	~不住	～できない	4

C

cái	才	やっと、初めて、（これ）こそ	3
céng	层	層、階	5
chājù	差距	格差、ギャップ	5
chǎnshēng	产生	発生する、生じる	2
Chángjiāng	长江	長江（揚子江）、全長6380km。チベット高原から東シナ海へと流れるアジア最長の川	1
chàngde~	唱得~	歌い方が～だ	1
chēnghu	称呼	呼び名、呼称	4
chénglǐ	城里	都市	6
chéngshì	城市	都市	6
chéngwéi	成为	～になる	3
chéngxiāng	城乡	都市と農村	6
chéngzhèn	城镇	都市と町	6
chīkǔ nàiláo	吃苦耐劳	苦しみやつらさに耐える	6
chóngdié	重叠	重なる	3
chǒuwén	丑闻	スキャンダル	5
chūjià	出嫁	嫁ぐ、嫁に行く	4
chúle~yǐwài~	除了~以外，~	～を除いて～、～のほか～、～以外～	2
chuánbō	传播	広まる、広く伝わる	7
chuánrén	传人	継承者	1
chuàngbàn	创办	創設する	8
chuàngshǐrén	创始人	創始者	2
cìhou	伺候	（身の回りの）世話をする	4
cónglái méiyou	从来没有	これまで一度もない	2
cóngxiǎo	从小	小さいときから	4

D

dà de hěn	大得很	非常に大きい	5
dàgōng wúsī	大公无私	公正無私である	2

dàhù	大户	金持ちの家、大金持ち	4
dàtóng	大同	公平で平和な理想社会	2
dài	带	付く、帯びる、携帯する	3
dānchún	单纯	単純である、純粋である	5
dānwèi	单位	職場、勤め先	6
dǎnzi	胆子	肝っ玉、度胸	5
dāngjīn	当今	現在、当世、近ごろ	5
dǎoxiàng	导向	導き、動き	7
de	地	動詞や形容詞について連用修飾語を作る助詞	2
débudào	得不到	得られない	5
dédào	得到	得る、手に入れる	4
dì èr tāi	第二胎	2回目の出産	3
dì fù fǎn huài yòu	地富反坏右	1950年代から文化大革命期までの階級闘争をかなめとした時期に、人民の敵として弾圧・監視された「地主、裕福農民、反革命派、悪者、右派分子」を指す	5
diǎnzàn	点赞	ネットなどで「いいね」を付ける	7
dìng	定	決める、定める	8
dìngqīn	定亲	(多く父母が主となって)婚約を決める	4
dǐxia	底下	底部、根元部分、下	1
dòngtīng	动听	感動的である	1
dúshēng zǐnǚ	独生子女	一人っ子	3
Dù Fǔ	杜甫	杜甫(712年-770年)	7
duìfāng	对方	相手方、相手側、先方	5
duì~lái shuō	对~来说	~について言えば	5
duōbàn	多半	大半	3

F

fājiā zhìfù	发家致富	家が栄え裕福になる	3
fáng	房	妾の数を数える量詞	4
fàngkuān	放宽	緩和する	3
~fàngzhe	~放着	~に置いてある	8
fēi~bùkě	非~不可	どうしても~しなければならない	8
fēnxiǎng	分享	(喜び・権利などを)共に分け合う、分かち合う	8
fěnsī	粉丝	ファン	7
fēngdì	封地	領地	3
fúwù	服务	サービスする、奉仕する	2
fùyù	富裕	裕福である	4

G

gǎn	敢	思い切って~する	5
gǎnshòu	感受	感じる	8
gēsòng	歌颂	たたえる、賛美する	4
gēxīng	歌星	スター歌手	1
gèjìn qínéng	各尽其能	各自が能力に応じて働く	2
gēnjìn	跟进	後に続く、フォローアップする	7
gèngjiā	更加	いっそう	3
gōng	供	供給する、提供する	5
gòuwù	购物	ショッピング(する)	7
guānyú	关于	~に関して	6
guāngcǎi	光彩	誇らしい、面目のある	7
guīfàn	规范	規範(する)、規準(に合っている)	2
guójūn	国君	君主	2
guò	过	過ごす	2

H

hǎnjiào	喊叫	大声で呼ぶ	3
hángyè	行业	業種	6
hǎochù	好处	利点、恩恵	8
héqíng hélǐ	合情合理	人情や道理にかなっている	8
héshì	合适	適切である、ちょうど良い	5
héxié	和谐	仲むつまじい、調和がとれている	2
hézī	合资	共同出資する、資本合弁	6
hóngbāo	红包	祝い金や奨励金などの入った赤い封筒、祝儀	7
hòudùn	后盾	後ろ盾	6
hūshì	忽视	軽視する、おろそかにする	7
hùkǒu	户口	戸籍	6
hùliánwǎng	互联网	インターネット	7
huāfèi	花费	費やす、使う	7
huàshàng	划上	描く、引く	4
huáiniàn	怀念	しのぶ、懐かしむ	2
huánjié	环节	一環、部分	4
Huánghé	黄河	黄河、全長5464km。中国の北部を流れ渤海へと注ぐ、アジアで3番目に長い川	1
huíguī	回归	復帰する	3

J

jīchǔ shèshī	基础设施	インフラ	6

jíle	极了	非常に～である	[7]
jíshí	及时	時を移さず、すぐさま	[7]
jíshǐ~yě~	即使～也～	たとえ～であっても～	[4]
jìrán~jiù~	既然～就～	～である以上～	[8]
jì~yě~	既～也～	～でもあり～でもある	[7]
jiācháng biànfàn	家常便饭	日常茶飯事	[7]
jiāshū dǐ wànjīn	家书抵万金	家からの手紙は万金に値する	[7]
jià jī suí jī jià gǒu suí gǒu	嫁鸡随鸡嫁狗随狗	どんな夫であっても嫁に行ったら夫に従う	[4]
jiānchí búxiè	坚持不懈	たゆまず頑張り抜く	[2]
jiānnán	艰难	困難である	[8]
jiānruì	尖锐	鋭い、厳しい	[7]
jiànjiàn	渐渐	だんだん、次第に	[4]
jiāoyǒu	交友	友人と付き合う	[7]
jiǎo	脚	足（足首より下）	[1]
jiēfā	揭发	悪事を暴く	[7]
jiējí chéngfèn	阶级成份	家庭や個人の、解放前の階級区分によって定められた身分	[5]
jiéshù	结束	終わる	[3]
jǐn (jǐn)	仅（仅）	ただ、わずかに	[3]
jǐnguǎn~dànshì~	尽管～但是～	～ではあるが、しかし～	[2]
jìn yí bù	进一步	さらに	[2]
jìng	竟	意外にも	[7]
jiù	就	ほかでもなく	[1]
jiùshì shuō	就是说	つまり	[4]
jù	句	文、センテンス	[2]
jùfù	巨富	大富豪	[8]
jùshuō	据说	聞くところによると	[8]
jūnzǐ yǐ zìqiáng bùxī	君子以自强不息	君子は自らつとめ励んで忘らない（『周易』）	[6]

K

kànjiàn	看见	見える、見かける	[1]
kělián	可怜	かわいそうである	[4]
kèjǐfènggōng	克己奉公	私心を抑えて公のために尽くす	[2]
Kǒngzǐ	孔子	孔子（紀元前551年？－紀元前479年）	[2]

L

láizì	来自	～から来る	[6]
lǎopo	老婆	妻、女房、かみさん。小老婆：妾	[4]

lìjiè	历届	これまでの毎期の、歴代の	[6]
lián	连	何度も、連続して	[8]
lián~yě~	连～也～	～さえ～	[7]
liánhuān wǎnhuì	联欢晚会	交歓の夕べ	[1]
liánxì	联系	連絡（する）	[7]
Liáng Shānbó	梁山伯	梁山伯（人名）	[4]
lǐngdǎo	领导	指導（する）	[2]
~ lìng rén~	令人	人を～させる	[8]
lìngwài	另外	さらに、ほかに	[5]
liúchuán	流传	伝わる	[4]
lòu mǎjiǎo	露马脚	ぼろを出す、馬脚を現す	[7]
lùxiàng	录像	録画、録画する	[7]
lǚlǚ	屡屡	何度も	[2]

M

Máo Zédōng	毛泽东	毛沢東（1893年12月26日－1976年9月9日）	[2]
měihǎo	美好	すばらしい	[4]
méitǐ	媒体	メディア	[7]
méndāng hùduì	门当户对	（縁組みする男女の）家柄が釣り合っている	[5]
méng	蒙	覆う、かぶせる	[5]
Mèngzǐ	孟子	孟子（紀元前372年？－紀元前289年？）	[2]
miǎnqiǎng	勉强	どうにかして、やっとのことで	[8]
miànlín	面临	直面する	[6]
miáoshù	描述	描写する	[1]
míngqi	名气	評判、知名度	[8]
mō	摸	触る	[1]
mǒu zhǒng	某种	ある種の	[3]

N

nǎ~?	哪～？	～であるはずがない	[8]
nàqiè	纳妾	妾を囲うこと	[4]
nánguài	难怪	なるほど、道理で	[3]
nányǐ	难以	～し難い、～しにくい	[6]
nìng(kě)~(yě)~	宁（可）～（也）～	～よりもむしろ～するほうがよい	[6]

O

Ǒuxiàng	偶像	偶像、アイドル	[8]

P

péngpài	澎湃	大波がぶつかり合うさま、気勢の盛んなさま	[1]
píngtái	平台	プラットフォーム	[8]

Q

qíshí	其实	実は	8
qǐdào~zuòyòng	起到～作用	～の効果を果たす	7
~qǐlai	～起来	～し始める	3
qíngkuàng	情况	状況	8
qíngrén	情人	愛人	7
qǔdiào	曲调	メロディー	1
qǔdé	取得	獲得する	7
qǔ'érdàizhī	取而代之	取って代わる	4
qǔ míngzi/qǐ mínzi	取名字／起名字	名前をつける	3
qùshì	去世	亡くなる	2
quánqiú	全球	全世界	8
què	却	（一般的な道理に反することを示し）反対に、むしろ、かえって	6
qún	群	群れ、団（量詞）	1

R

rán'ér	然而	ところが、しかし	8
ràng	让	～させる	5
rénjì guānxi	人际关系	人間関係	6
rénjiā	人家	家庭	4
rénpǐn	人品	人柄、品格、人品	4
rènhé	任何	いかなる	8
rènwéi	认为	～と思う、～と考える、～と主張する	2
réngrán	仍然	依然として、相変わらず	1
rìhòu	日后	今後、将来	6
rìjiàn dànhuà	日渐淡化	徐々に消える、日ごとに薄くなる	5
róuhé	柔和	優しい、柔らかい	1
rúcǐ	如此	このように	8
rúhé	如何	どのように、どう	4
rúguǒ~jiù~	如果～就～	もし～ならば～	4
rúshí	如实	ありのままに	3

S

shàngshì	上市	上場（する）	8
shéi~shéi~	谁～谁～	（～する人なら）誰でも～	8
shēnbài míngliè	身败名裂	地位も名誉も失う	5
shénmede	什么的	～など、～等々	3
shénme~shénme~	什么～什么～	～なら何でも～	5
shénqí	神奇	非常に不思議である、神秘的である	1

shényóu	神游	思いをはせる	1
shènzhì	甚至	さらには、～さえ、～すら	2
shēngyù	生育	出産する	3
shízài	实在	実に	8
shǐ	使	～させる	7
shǐde	使得	～させる	7
shìzhí	市值	時価総額	8
shǒu	首	曲を数える量詞	1
shǒuxiān	首先	初めに、まず	6
shòu	受	受ける	1
shòukǔ	受苦	苦しい目に遭う	8
shuìdài	睡袋	寝袋	8
shuōméi	说媒	結婚の仲立ちをする、仲人をする	4
shǔyú	属于	～に属する	2
suàn	算	～とみなす	4
suī	虽	～であるが	1
suízhe	随着	～に従って、～につれて、～によって	3
suīrán~dànshì~	虽然～但是～	～だがしかし～	2
Sūn Wén	孙文	孫文（1866年11月12日－1925年3月12日）	2

T

táibuqǐ tóu lái	抬不起头来	頭を上げることができない	5
tānguān	贪官	腐敗した役人、汚職官吏	7
tándelái	谈得来	（人と）話が合う	5
tán liàn'ài	谈恋爱	恋愛をする	5
Táobǎowǎng	淘宝网	淘宝網（ネット通販のサイト名）	8
táolí	逃离	逃れる	6
tíchū	提出	提出する、提議する、提示する	2
tiānxià	天下	天下	2
tiáotiáo kuàngkuàng	条条框框	様々な規則や制約	6
tóngshì	同事	同僚	8
tóngyǎngxí	童养媳	息子の嫁にするため他家から引き取って育てた女の子	4
tújìng	途径	道筋、やり方	6
tuīchóng	推崇	高く評価する	2
tuīdòng	推动	推し進める、促進する	7
tuīfān	推翻	覆す	2

W

wàimào	外貌	外観、見た目	5

wǎnghóng	网红	ネットスター、ネット上の有名人	[7]
wǎngluò	网络	ネットワーク、インターネット	[7]
wǎngmín	网民	インターネットユーザー	[7]
wǎngshang	网上	ネット上	[5]
wǎngyǒu	网友	ネット友達	[7]
wēixié	威胁	威嚇する、脅かす	[5]
wèi	位	敬意を込めて人を数える量詞	[2]
Wéngé	文革	文革(「文化大革命」の略称)、中国で1966年から1976年まで続き、1977年に終結宣言がなされた政治運動	[3]
wénjiàn	文件	文書、公文書、通達	[6]
wěndìng	稳定	安定している	[6]
wúliáo	无聊	退屈である、つまらない	[8]
wúlùn~dōu~	无论~都~	~にかかわらずすべて~	[4]
wúqù	无趣	つまらない	[8]

X

xīyǐnlì	吸引力	魅力	[6]
xiáxiǎng	遐想	思いをかき立てる	[7]
~xiàqu	~下去	動詞の後に置き、その動作が継続していくことを表す	[7]
xiān~ránhòu (zài)~	先~然后(再)~	先に~それからまた~	[6]
xiāngjìn	相近	近い、似ている	[2]
xiàng	像	例えば~などである、~のようである	[3]
xiàngwǎng	向往	憧れる	[4]
xiāochú	消除	(心配・誤解・危険・わだかまりなどを)取り除く、消し去る	[6]
xiǎomíng	小名	幼名	[3]
xiāoshī	消失	消えてなくなる	[4]
xiǎosān	小三	若い愛人、情婦	[5]
xiězhào	写照	描写	[6]
xīnkǔ	辛苦	苦労(する)	[8]
xīnmǎn yìzú	心满意足	すっかり満足する	[6]
xīnxián	心弦	心の琴線	[1]

Xīnwénhuà yùndòng	新文化运动		
		五四文化革命ともいう、1910年代後半から20年代初頭にかけて中国で展開された文学、文化、思想の革新運動	[4]
xīnyuàn	心愿	願い	[3]
xíngróng	形容	形容(する)、たとえて言い表す	[7]
xiōngyǒng	汹涌	沸き上がる、逆巻く	[1]
xiūxián	休闲	レジャーを楽しむ、のんびり過ごす	[7]
xūyào	需要	必要とする	[3]
xuānyáng	宣扬	言い触らす、広く宣伝する	[4]
xué ér yōu zé shì	学而优则仕		
		学んで余力があるならば役人になって仕える(『論語』)	[6]
xúnqiú	寻求	探し求める	[6]
xúnzhǎo	寻找	捜す、探す	[8]

Y

yánlì	严厉	厳格である	[5]
yánxù	延续	継続する、続いていく	[4]
yǎngjiā húkǒu	养家糊口	一家の生活を支える	[6]
yáoyuǎn	遥远	遥かに遠い	[1]
yī~jiù~	一~就~	~するとすぐ~する	[3]
yíbèizi	一辈子	一生	[4]
yídàn~jiù~	一旦~就~	ひとたび~しようものなら~	[5]
yíxìliè	一系列	一連の	[2]
yì (diǎn) ~dōu~	一(点)~都~	~一つも(少しも)~ない	[6]
yítàitai	姨太太	妾、二号、お妾さん、愛人	[4]
yǐjí	以及	および	[1]
yīncǐ	因此	そのため	[3]
yīnwèi~(suǒyǐ)~	因为~(所以)~	~のため(だから)~だ	[1]
yīnyǐng	阴影	陰影、暗い影	[5]
yǐnmán	隐瞒	隠してごまかす	[7]
yǐnqíng	隐情	秘密	[7]
yōngyǒu	拥有	持つ、所有する	[8]
yóu	由	~により、~から	[1]
yóu cǐ kějiàn	由此可见	これによって分かる	[7]
yóuyú	由于	~によって、~のために	[3]
yóudì	邮递	郵送する、配達する	[8]

yúshì	于是	そこで	8
yǔqí~bùrú~	与其～不如～	～というよりは むしろ～	8
yùliào	预料	予測、予想する	8
yuēshù	约束	制限する	2
yuèláiyuè~	越来越～	ますます～になる	6
yuèxīn	月薪	月給	6

Z

zāi gēntou	栽跟头	つまずく、失敗する	8
zàihu	在乎	意に介する、 気にかける	5
zé	则	一方、しかし（2つの事 柄を対比、並べ立てる場 合に用いる）	3
zěnme (néng) ~?	怎么（能）～?	どうして（～すること ができようか）	7
zèngsòng	赠送	贈呈する	7
zhǎngbèi	长辈	（世代が）上の人、 目上、年長の人	3
zhǎngchéng	长成	成長する	1
zhàngfu	丈夫	夫	4
zhǎodào	找到	見つかる、見つける	3
zhàoyàng	照样	相変わらず、 依然として	4

zhe	着	～している	2
zhīfù	支付	支払う	7
Zhīfùbǎo	支付宝	アリペイ	8
zhǐfù wéihūn	指腹为婚	子供が胎内にいる段階で 双方の親が結婚の約束を する	4
zhǐyào~jiù~	只要～就～	～でさえあれば～、 ～しさえすれば～	3
zhǐyǒu~cái~	只有～才～	～して初めて～	6
zhōngguī	终归	結局のところ	7
zhòngduō	众多	（人が）多い （書き言葉に用いる）	4
Zhù Yīngtái	祝英台	祝英台（人名）	4
zhuànqián	赚钱	お金を儲ける、稼ぐ	8
zhuàng	壮	たくましい、 壮大である	1
zhuīpěng	追捧	絶賛する、 追いかけ（崇拝す）る	5
zhuīzōng	追踪	追跡する	7
zìzhǔ	自主	自主的に（する）	4
zǒubiàn	走遍	くまなく歩く	3
zúgòu	足够	十分である、足りる	5
zǔdǎng	挡阻	阻止する、食い止める	4
zuān	钻	入る	8
zuòfēng	作风	（思想・仕事・生活上の） 態度、やり方、行い	5
zuòguān	做官	役人になる	6

著者

荒屋　勸
　　大東文化大学名誉教授

尹　景春
　　早稲田大学教授

音声吹込　姜海寧

深層理解中国　ひと・くに・こころ

検印
省略　　　　　　Ⓒ 2024 年 1 月 31 日　初 版 発 行

著　者　　　　　　　　　　　荒屋　勸
　　　　　　　　　　　　　　尹　景春

発行者　　　　　　　小 川 洋 一 郎
発行所　　　　　　株式会社　朝 日 出 版 社
　　　〒 101-0065　東京都千代田区西神田 3－3－5
　　　　　　　　　電話（03）3239-0271・72（直通）
　　　　　　　　振替口座　東京　00140-2-46008
　　　　　　　　　http://www.asahipress.com/
　　　　　　　　　　　　　　倉敷印刷

ISBN978-4-255-45396-5
C1087 ¥2100E

定価2310円
（本体2100円+税10%）

9784255453965

1921087021001